中年の本棚

荻原魚雷

紀伊國屋書店

中年の本棚　目次

中年の本棚

「四十初惑」考

「四十初惑《しじゅうしょわく》」という言葉をはじめて知ったのは野村克也の本だった。当時のわたしは三十代後半——新刊本の書評をしたり、古本随筆を書いたり、生活費が足りなくなると古本のセドリ（転売）をしたりする日々を送っているうちに、気がつけば、そんな年になっていた。

ときには夕方に起床し、東京・JR中央線界隈の古本屋をまわる。毎日、何千という背表紙を眺め、気になった本の目次と奥付、値段を見る。だが、二十代、三十代前半のころと比べて集中力が続かない。眼精疲労、腰痛、肩こりにくわえ、寝転がって本を読む癖がたたり、季節の変わり目になると両肘《りょうひじ》がしびれるようになった。

からだにさまざまな兆候があらわれるようになってきたものの、中年の自覚はまだない。若くもないが、たしかな経験や実績があるわけでもない。かれこれ二十年ちかく文筆の仕事をしているにもかかわらず、ずっと若手扱いの境遇にくすぶり続けている（今も似たようなものだが）。なんとなく、宙ぶらりんの気分が続いていた。

でも、まず戸惑ったのはそういうことではない。自分なりに仕事をする上で確立した方法論のようなものが、四十代を前にして通用しなくなってきたのである。それまではどんな単純労働でもやれば何かしらの経験を積めたような気になったし、知らないことを知ったり、できないことができるようになったり、時間に比例して何かが上達する感覚も味わえた。失敗や恥をかくことも何らかの糧になった。それが当たり前のようにおもっていたのだが、このころから当たり前ではなくなる。逆におぼえたことは忘れるし、できたことができなくなる。

このままでいいのか。いや、このまま続くとはおもえない。今さら方向転換して、新しい道を歩むのは面倒くさい。何かを得ようとすれば別の何かを失う。失いたくないものがどんどん増えてくる。まもなく四十路を迎えようというころ、人生の下り坂（かなり急）に差しかかった気分に陥った。

この先を生きるためにメンタルを鍛えねばならない。

わたしは野球やスポーツ心理学の本などをひたすら読み漁るようになった。野村克也の『背番号なき現役《プレイヤー》──私のルール十八章』（講談社）もそのころ読んだ一冊である。

現役時代の野村克也はほとんど記憶にない。いしいひさいちの漫画でセカンドまでボールが届かないおじいちゃんみたいな捕手として描かれていたのはおぼえている。解説者時代はそれほど注目していなかった。

野村克也は史上初の三千試合出場を達成し、一九八〇年に四十五歳で現役を引退した。『背番号なき現役』は、引退の翌年に刊行された本である。

この中に、三十八歳のときに禁酒した話が出てくる。それまでは「ウイスキーの水割り十杯ぐらいで、いい気持ちになるていどの酒量」だったのが、年とともに、翌日、練習で汗をかいても「アルコールが残る」ようになる。

禁酒しても「体力は徐々に落ちて」くる。現役時代の後半は体力の「下降線」をどれだけゆるやかにするかということに取り組んだ。それでもしだいに「腰のキレ」がわるくなり、スタンドまで届いた打球がフェンス際で失速するようになる。

――野球人としての力は、体力の衰えとともに確実にゼロへ戻ってゆく。そこで、どう生きるべきか……。

野村克也は「四十不惑」ではなく、「四十初惑」という言葉を評論家の扇谷《おうぎや》正造の本で知る。『80年代を生き抜く三つの方策』（PHP研究所、一九八〇年）である。

扇谷正造は、高齢化社会にたいする提言として、「四十不惑」はあくまでも「人生五十年」時代の言葉であり、今は「四十初惑（四十ニシテ初メテ惑ウ）」だといい、人は四十になって「はじめて人生の方向を模索・確定する」と述べている。

五十立志（五十ニシテ志ヲタテ）
六十精励（六十ニシテ事ニ励ミ）
七十成就（七十ニシテ事ヲ成シトゲ）
八十ニシテ熄《ヤ》ム（八十デヤット引退スル）

人生八十年の時代に四十代はまだまだヒヨッコなのだ。
しかし、この「四十初惑」という言葉は扇谷正造のオリジナルではない。
おそらく吉川英治の『草思堂随筆』（新英社、一九三五年）の「四十初惑」と題する随筆が元になっているとおもわれる。今、手元にあるのは一九七四年刊の六興出版のもので、以下の引用もそこから——

四十の頃の自分の父を想像すると、気難かしい老成人であり、折目正しい五人の子女の厳父であった。いつの間にか、その四十の境を自分も踏み出している。そして、どうして自分はこう稚気なのか、いつまで大人にならないのかと、年に対しての疑惑をもつ。

一八九二年生まれの吉川英治ですら、そんなふうにかんじていたというのはおもしろい。『宮本武蔵』の連載がはじまったのは一九三五年、吉川英治が四十三歳のときである。「四十初惑」はそのすこし前に書かれた随筆だが、すでに吉川英治は大衆文学の世界では人気作家だった。だが、四十歳前後の吉川英治は妻との関係がこじれ、のちに離婚している。その間、半年くらい家出をしていたこともあった。

「四十初惑」に、江戸時代後期の南画（文人画）家の田能村竹田《たのむらちくでん》の話が出てくる。

田能村竹田は、三十で隠遁《いんとん》し、四十代で「田翁」「竹田叟《そう》」と自署していることから、吉川英治は「ずいぶん老けた人である」とおもっていた。

しかし、田能村竹田は若年のころからずっと誰にも負けまいという気持で絵を描いてきたのが、「四十をすこし踏んでからは、これでいいかと考えだしてきた。（略）つまらない雑草の花ではあっても自分が枯れた後も、この土壌に自分の種族を来年の春も、次の春も、咲いてあるように欲《マ》しい《マ》というような本能を感じてくる」というようなことを友人宛ての書簡に綴っていたそうだ。

そうした年齢による「本能」について吉川英治は、四十を過ぎて「はっきりと一段、階梯《かいてい》がちがってくる所から、迷いの眼は、新しく自己を見てくる」として、「僕は、四十にして不惑という古人の言に対して四十は初惑であるということも云い得ると思う」と述べる。

さらにいうと『草思堂随筆』の「序」で吉川英治は「僕にはまだ、随筆を書く年齢に到っていない、四十が初惑と実際に考えているのである」とも書いている。「古人の随筆」には「閑余の手すさび」といった趣があったが、自分にはそういうものがなく「半蟬半脱《はんぜんはんだつ》の類《たぐい》」であり、「体験なり社会観なども、面はゆいもの」で、雑学の「抽斗《ひきだし》」もたいしたことがないと……。

吉川英治が「半蟬半脱」だったら、わたしは永久に土から出られないではないかといいたくなるが、考えようによっては、明治生まれの大作家ですら、四十歳前後に、古人と比べれば自分は幼いというのであれば、そういうふうにかんじるのが当たり前のことなのかもしれない。

「四十初惑」という言葉をインターネットで検索してみたら、源氏鶏太著『四十初惑』（集英社コンパクトブックス、一九七三年）という短篇集が刊行されていることを知った。

表題作の「四十初惑」（初出は一九六四年）は、結婚以来、一度も浮気をしたことのない四十歳の桜木常夫が二十四歳の部下の睦子におもいを寄せられる話である。見合い結婚だった桜木は、四十歳にしてはじめて女性のほうから惚れられるという経験に動揺するが、課長として部下に手を出してはならないと考えている。

――四十にして惑わず、と孔子さまもいっていられる。たしかに桜木は、惑ったりはしていな――

いつもりであった。が、そのかわり桜木は、近頃では会社に出ることが愉しみになっていた。

仕事にも張りをかんじ、自分に自信を持ちはじめる。上司からも「君を見直して来ているんだよ」と声をかけられる。そんなとき、睦子に「あたし、課長さんの家庭の平和を乱そうなんて夢にも思っていません」と迫られて……。

「僕の場合は、四十にして惑わず、でなく、四十初惑だな」――これは桜木の心の声。桜木と睦子の関係がどうなったかについてはあえて伏せておく。

桜木の「四十初惑」から「フォーティーズ・クライシス」という言葉をおもい浮かべる人もいるかもしれない。いわゆる〝中年の危機〟ですね。四十代になって、男女問わず、これまでの自分の生き方に不安をおぼえて迷走しはじめる。

仕事、家庭、健康、親の老後――自分のことで精一杯だった時期を過ぎ、ちょっと一息つけるかなとおもった矢先、現状維持の難易度が上がっていることに気づく。

そもそもこれでよかったのか。なんか、おもってたのとちがう……。

現役時代の野村克也はレギュラーの座をつかみ、打撃のタイトルをとったころ、吉川英治の本の中にあった「我以外皆我師（われ以外みなわが師）」という言葉を見たとたん、その文字が「行間から飛び出して、大きく迫ってきた」と回想している。

〝吉川ショック〟によって、野村克也はいろいろな人から学ぶことの大切さをおもいだし、自分の慢心を恥じた。以来、ゴルファー、力士、登山家、作家など、さまざまなジャンルの人からも貪欲に学ぼうとする。そして、「不器用」な人間である自分に、人一倍考え、苛酷な練習を積むことを課した。ちなみに、野村克也のキャッチフレーズの「生涯一捕手」は、吉川英治が座右の銘にしていた「生涯一書生」からとっている。

中年の大先輩たちが「四十初惑」というくらいだから、この先、もっと年を重ねても迷い続ける。迷いがなくなったとおもうこと自体、気の迷いかもしれない。

「我以外皆我師」——何かに迷ったときは学べばいい。

とりあえず、何を学べばいいのかを迷うところからはじめるしかない。

そうこうするうちに、中年に関する本が蔵書の一角を占めるようになった。前向きに蒐集したわけではない。

わたしの中年の本棚は、気力、体力や好奇心の衰えをかんじつつ、行き当たりばったりに手にした書物の軌跡ともいえる。あまりにもとっちらかりすぎて、どこに向かっているのか、自分でもわからない。

頁をめくると、未知の領域が広がっていて、読めば読むほど混乱する。

時をかける中年

小説を読んでいて、主人公が自分と同年齢だったりすると、ちょっと嬉しいものだ。エッセイもそう。作者が自分と同じくらいの年のころ、何を考えていたのか、どんなものを書いていたのか。ついそんなことを気にしながら読んでしまう。

作者や登場人物の年齢なんてどうでもいいという考え方もあるだろう。年をとっても、少年小説や青春小説が楽しめないわけでもない。むしろ楽しく読める。懐古の気分は、現実逃避にうってつけだ。いっぽう長く生きた分、知らず知らずのうちに比較の対象も増え、出来不出来にもうるさくなってくる。ひとひねりふたひねりないとなかなか満足できない。

最近、ケン・グリムウッド著『リプレイ』（杉山高之訳、新潮文庫、一九九〇年）を読んだ。四十三歳になったら、読み返そうと決めていた。正直にいうと、忘れていた時期もあるのだが、はじめて読んだときの衝撃は今でも心に残っている。そのくらい大好きな本だ。

原書は一九八六年に刊行。当時、かなり話題になったSFファンタジー作品で、世界幻想文学大賞を受賞している。

冒頭、ニューヨークのラジオ局のニュース・ディレクターのジェフ・ウィンストンが、心臓発作で亡くなったかとおもいきや、記憶を残したまま十八歳の大学生当時に戻ってしまう。

十八歳に戻る前の主人公の年齢は四十三歳。四十三歳といえば、大卒なら社会人になってだいたい二十年。人生の折り返し地点も過ぎて、自分の将来、あるいは限界が、なんとなく見えてくる年ごろかもしれない。安定と引きかえに自由を失い、大きな方向転換もむずかしい。この先、ずっと下り坂が続くのではないかという不安もおぼえる。

『リプレイ』の主人公は気がつくと、一九八八年から六三年の春に戻っている。

もし四十三歳の自分が今の記憶を持ったまま十八歳当時に戻ることができたらどうするか……というのは夢のような話だ。

わたしの場合、十八歳の春は一九八八年。元号は昭和。浪人中で、名古屋の予備校に通っていて、まだ上京していない。

ふと考える。四十三歳の中年の頭で大学を受験したら、散々な結果になるだろう。何もおぼえていない。戻りたくないなあ、浪人のころには。

仮に浪人中ではなく、『リプレイ』の主人公のように大学一年目に戻ったとしよう。三重の鈴鹿市から上京して、東武東上線沿いの四畳半の風呂なしアパートに住んでいたころだ。五月の連休明けには大学に行かなくなり、古本屋通いをはじめた。

たぶん今の自分がそのまま当時の自分に戻ったら、その後、古書価の上がる本を買い漁ることで、ちょっとした財産が築けそうである。

『リプレイ』を読んでいておもったのは、現在から過去に戻った人間の考えることは、時代や国がちがっても、そんなに変わらないということだ。


もし次の二十五年間を、想像したとか夢見たとかいうのでなくて、実際に生きてきたとしたら、一つだけ明らかなことがある。ジェフには非常に役に立つ情報の莫大な蓄えがあるということだ。


だが、この物語はそれほど単純ではない。『リプレイ』の題名どおり、ジェフは十八歳から四十三歳までの二十五年間を何度もくりかえすことになる。それはそれで別の苦悩が生じる。

SFあるいはファンタジーのおもしろさもさることながら、もし人生をやり直すことができたら？　いろいろなことが事前にわかっていて、おもいどおりにできるとしたら？　という思考実験の妙が存分に味わえるはずだ。自分だったらどうするだろうと何度も考えさせられる。すらすら読めるけど、脳みそにけっこう負荷のかかる小説でもある。

ひょっとしたら、四十三歳という年齢は、未来よりも過去に関心が向かう転換期なのか。人生は選択の連続。だれそれではなく、かれこれと付き合っていれば？　もし今とちがう職業を選んでいたら？　あの日あの時あの場所で……以下略。何かを選べば何かを諦めるしかない人生において、過去にあった可能性を追い求めることは叶わぬ夢だとしても、心のどこかでその奇跡を願っている。

あのとき、こうしていれば——人生をやり直すことができれば、過去のいくつかの失敗を避けることもできるし、未来に起きることはほぼわかっている。一度くらいそんな人生も味わってみたいけど、先が見えなくてどうなるかわからないからおもしろいこともある。未来が見えると、それが味わえない。

くだらないことで笑う友人、一仕事終えたあとに飲む酒、週末の古書展、ひいきのプロ野球チームの勝利、あと何だろう。

人生には大小さまざまな岐路があり、その分岐点をふりかえって、時世時節の不思議をおもう。過去から現在に至るまでの無数の偶然の果てに今の自分がいること。それを奇跡といわずして何を奇跡というのか。

わたしは『リプレイ』を読み終えたあと、凡庸で退屈だとかんじていた日常がすごくありがたいものにおもえた。

とはいえ、そんな小説の魔法も、時が過ぎればしだいに薄れてくる。この瞬間は今しかないんだとおもえた幸福感はそう長くは続かない。

残念だが、それも人生。

ちなみに、この小説を原案に今泉伸二は『リプレイJ』（全十二巻、新潮社、二〇〇一～〇四年）という漫画を描いている。

小説の興奮がさめやらぬ勢いで、この漫画も読んでみようかどうか迷ったのだが、その前に読みたい小説がある。

コンピュータ関係の仕事をしていて、ＳＦ（とくにタイムトラベルもの）に詳しい同い年の知り合いから「『リプレイ』が好きだったら『Ｙ』も読んでみたら？」と教えられたのだ。

「どんな話なの？」

「読めばわかるよ」

なるほどたしかに。読みはじめたとたん、この本をすすめられた理由がよくわかった。

佐藤正午著『Ｙ』（ハルキ文庫）も、四十三歳の中年男性が自分の記憶をもったまま若き日の自分に戻る話だったのである。

しかも作品中、こんな台詞が出てくる。

「おまえの言う不思議な現象が、現実に起きていると仮定したうえでの話だ。いいか北川、たしかに前におれは時間が逆戻りする話をした。でもあれはアメリカ人の作家が書いた小説のストーリーだった。おまえも読んで憶えてるだろう。主人公は四十三歳のとき突然、心臓の発作で死ぬ、つまりひとつの人生がそこで終わる。ところが死んだはずの男が復活して目覚めると死ぬ前の人生の途中、十八歳の青年の時代に戻っている、意識はその後二十五年を生きた中年のままで（略）」

まわりくどい説明は不要だとおもうが、「アメリカ人の作家が書いた小説」は『リプレイ』以外に考えられない。

『Y』の単行本は一九九八年に刊行。佐藤正午は一九五五年生まれだから、四十三歳のときに発表された作品である。

主人公の秋間文夫と、「不思議な現象」を体験した北川という謎の男は、高校時代の同級生。卒業後は疎遠になり、四十三歳になった秋間は北川のことをおぼえていない。しかし彼は秋間に自分たちはずっと親友だったと語る。

『リプレイ』よりも『Y』のほうがその先の展開が見えにくい。謎の男が過去に逆戻りしたという体験談自体、半信半疑のまま読みすすめることになる。

これまで佐藤正午の作品を読んでこなかったのは不覚だ。知っていたら、もっと早く読んでいた。でも、本のよさは、過去に戻らなくても、デビュー作から最新作までいつでも読めるところにある。

佐藤正午の『豚を盗む』（光文社文庫、岩波書店版は二〇〇五年刊）に「エアロスミス効果」というエッセイがある。

長篇小説を書くあいだ、ずっと同じCDを聴き続ける。習慣の力を利用して、そのアルバムが流れると、書きかけの小説のことを考えるようにするためだ。『Y』を執筆中に聴いていたのはエアロスミスだったらしい。

当時、僕は四十三歳で、自分を中年だと感じていた。（略）二十代でデビューして、小説を書き続けて、それ以外には何もしないで、いつのまにか自分は中年になった。もう若くない。相変わらずひとり者で気ままな暮らしを続けてはいるけれど、もう本当に若くない。そう認識したうえで、小説のおもな登場人物を自分と同じ年齢に設定した。

四十三歳の佐藤正午は、はじめて「中年の小説」を書こうとおもうに至る。

何歳のときに『リプレイ』を読んだのかはわからない。でも『Y』が『リプレイ』に触発された作品なのはまちがいない。

時をかける中年、タイムスリップ、ほかにも何かあったような……。

不意に、あの作品ももしやとおもい、部屋の本棚から藤子・F・不二雄の『未来の想い出』（小学館、一九九二年）を取り出した。

この漫画も中年の漫画家・納戸理人《なんどりひと》が若き日に戻って人生をやり直す話である。しかし、これまで主人公の年齢が何歳なのかとくに注意して読んだことはなかった。

納戸は出版社のゴルフコンペでホールインワンを決めた瞬間、心臓マヒを起こし、三途の川（のようなかんじの川）を渡る。気がつくと、安アパートの下宿で新聞紙を掛け布団にして寝ている。

「ぼくは納戸理人　昭和23年4月1日生まれ」――さすがにこれだけの情報では中年漫画家の年齢はわからない。ところが、するど、なんと、物語後半、「1971年の上京から1991年突然死までの、20年間の記憶を正確なものにしなくてはならない」という台詞が出てくる。また、ゴルフに行く当日には「そして五月」「ついにその日がきた!!」とも……。

一九四八年四月生まれの納戸がゴルフ場で命を落とすのは九一年五月。

もうおわかりですね。

そう、この漫画の主人公も四十三歳なのである。まさか、ほんとうに四十三歳だったとはおもわなかった。あと納戸理人の名前が〝何度もリピート〟という意味をふくんでいることにもこのとき気づいた。

『未来の想い出』と『リプレイ』の類似点をあげれば、若返る直前に主人公が心臓発作（心臓マヒ）で命を落とすところまで同じだ。ただし『未来の想い出』では、主人公に「若返りね。古いね。ファウスト以来、手あかのついた題材じゃないか」ともいわせている。

過去にタイムスリップして未来を変えたり、人生を何度もやり直す話はいろいろあるとおもうが、今のところ、四十三歳の中年が時をかける物語に限ると、『リプレイ』と『Y』と『未来の想い出』の三作品しか確認できていない。まだあるのかなあ。ほかにもあったら、ぜひ知りたい。

サブカル中年の話

中年になるにつれ、見るもの聞くものすべて新鮮で、興奮する時期が過ぎ去り、コレクションを充実させる喜びや新しい作品に触れたときの感激も薄れ、何をやっても徒労感をおぼえることが増えてくる。

趣味の洗練という方向にも限界がある。マニアックになればなるほど、そのおもしろさが伝わる人も少なくなる。さらに追打ちをかけるように、謎や引っかかりのない、平板でわかりやすいものばかり求められる風潮が蔓延している。

上の世代の猛者には知識や経験でかなわず、下の世代の好奇心や行動力にもかなわない。最近、同世代のライターと飲むたびにそんな愚痴をこぼしてばかりだ。

自分のまわりを見渡しても、四十歳前後のサブカル中年の現実は厳しい。

かつてフリーランスは三十歳の壁を越えれば、どうにかなるといわれていた。根拠はないが、その年まで定職につかずにふらふら生きていると、それなりに不安定な生活にも慣れ、口うるさかった親も諦める。ほかの職業の選択肢も減るいっぽうだから、食えようが食えまいがやめるにやめられない状況になる。

もちろんその先には未開の荒野が広がっているわけだが……。

二〇一二年、吉田豪著『サブカル・スーパースター鬱《うつ》伝』（徳間書店、のちに徳間文庫カレッジ）が刊行された（以下『サブ鬱』）。

『クイック・ジャパン』の連載「不惑のサブカルロード」がもとになった本で、テーマはずばり、なぜ「サブカルは四〇越えると鬱になる」のかである。

リリー・フランキー、大槻ケンヂ、川勝正幸、杉作J太郎、菊地成孔《なるよし》、みうらじゅん、ECD、松尾スズキ、枡野《ますの》浩一、唐沢俊一、香山リカの十一人が、それぞれ四十歳前後の鬱（あるいはそれと似た症状）について語る。

この本に登場するのは有名人（「サブカル・スーパースター」）だけど、特殊な例とはいえない。サブカル中年は売れている人も売れていない人も「だいたい四〇歳前後で一度、精神的に壊れがち」になる。

吉田豪は、サブカル中年が心を病みやすいのは（日に当たらない）不規則な生活と（部屋にこもりがちで）運動不足になるのも原因のひとつではないかと指摘する。

たとえば、二〇一二年一月に自宅火災で亡くなった〝ポップ中毒者〟川勝正幸のインタビューで吉田豪は「実際、鬱はただ単に運動してないせいじゃないかって結論に至りつつあるんですよ」といい、川勝正幸は「結局、マラソンやって朝型とか、村上春樹スタイルになっていくしかないのかっていう思いはありますよね」と返している。あと、吉田豪によれば、「風呂でもいいらしいですよ」とのことだ。

長年、わたしは世の中の健康志向をどこか冷ややかな目で見ていた。文化系の矜持《きょうじ》として、意地でもからだを鍛えたりはすまい、文化系の人間は病弱であらねば、とおもっていた。

でも、寄る年波というか、四十歳前後から無理がきかなくなるわ、疲れはとれないわという日々が続き、その考え方を改めることにした。

いまだにスポーツには抵抗があるのだが、週一日は休肝日を作り、食事に気をつかい、なるべく睡眠をとるようになった。汗をかくことは精神衛生によい。『サブ鬱』を読んで、シャワーだけですまさず湯船につかる回数も増えた。

わたしが『サブ鬱』の中でいちばん心を打たれたのは、杉作J太郎の回だった。

数年前、今はなき高円寺文庫センター（新刊書店）が企画した吉田豪と杉作J太郎のトークショーを見にいった。ビルのあいだの駐車場みたいなところで、ふたりはモーニング娘。について語り合っていた。

当時、急にアイドルに目覚めた杉作J太郎にわたしは戸惑いをおぼえていた。

男性でアイドルの応援してる人たちって、やっぱり傷ついてる人が多いんですよね。いろいろ人生に躓《つまず》いてる人で。だから言葉を交わさなくても一緒にいると「頑張っていこうじゃないか」みたいな気持ちになって。アイドルのコンサートとか行ったりレコード聴いたりしてる人ってバカに見えるかもしれないけど、普通にスクスク育って普通に中学高校行って就職して、普通に成長してそうなると思うなよっていうね。

サブカル中年が心を病む。しかし、そこから自分を救い出すのもまたサブカルなのである。杉作J太郎が深刻な状況にあったとき、あるアニメのキャラクターのモノマネによって立ち直った逸話はこの本の白眉だろう。

気持が沈んでいるとき、『杉作J太郎が考えたこと』（青林工藝舎、二〇一一年）をよく読み返すのだが、この中で杉作J太郎は、「何かに行き詰まるのって大抵、自分で自分を規制しちゃって逃げ場をなくしてるんですよ。自分の中の縛りさえなくせば脱出は簡単でしょ」と記している。『サブ鬱』も、サブカルをこじらせている状況からの「脱出」の手引きとしても読める。

サブカルおよび文化系中年の問題を扱った本をもう一冊。二〇一三年刊行の大槻ケンヂ著『40代、職業・ロックミュージシャン』（アスキー新書）という対談集である（以下『40代、ロック』）。『週刊アスキー』の連載「R40！」がもとになっていて、「大人になってもドロップアウトし続けるためにキッチリ生きる、80'年代から爆走中、彼らに学ぶ『生きざま』の知恵」という副題がついている。

対談相手のミュージシャンは、ダイアモンド✡ユカイ、ROLLY、寺田恵子（SHOW-YA）ら二十八人。バンドブームのとき、十代、二十代だったミュージシャンたちが今では五十歳前後になっている。

この二十年くらいの音楽業界の浮き沈み、不況っぷりは出版業界の比ではない。一九九〇年代と比べて音楽でメシを食っていける人間の数は三分の一くらいになったのではないか（もっと減っているかもしれない）。

『40代、ロック』に登場するミュージシャンは、アルコール依存症になっていたり、清掃業をしていたり、田舎に帰って市電のレール交換の仕事についていたり、音楽活動を続けながら家業を継いでいたり……ひとりひとりのエピソードがいずれも濃くておもしろく、読みごたえがあった。

『40代、ロック』では『サブ鬱』とはまた別のサブカル中年問題が浮上する。

社会常識や生活力のなさ――大槻ケンヂの言葉でいえば「大人赤ちゃん」問題である。水戸華之介（3-10chain・アンジー）との対談では、大槻ケンヂが「オレ、税金とか年金のことがぜんぜんわかんないんだけどさ」と話を切り出す。

大槻　ロックミュージシャンって、みんな年金払ってるかなあ？

水戸　うーん、どうだろう？　還付金が欲しいから、確定申告はみんなやってるんだけどね。でも、年金を払っている人は50パーセントくらいかもしれないね。

ちなみに、このふたりはちゃんと国民年金を払っているのだが、わたしの知り合いのバンドマンはたしかに払っていない人ばかりだ。わたしも払っていない。そのときどきの生活のことで目一杯で、老後のことを考える余裕がなかったのである。

ところが、四十代になるとそうもいってられなくなる。

〝すかんち〟や〝ポンすけ〟などで活躍するドラマーの小畑ポンプは、四十五歳のときに自分の「残り時間」を考えるようになったと語る。

大槻　いつごろからそう……。

小畑　3ヵ月くらい前かな。そのときライブがあって、参加したユニットで、ふと気づいたら僕がいちばん年下だったの。そういうことって、ここんとこはめったになかったのに。「あ、いちばん年下だ！」って思ったとき年上の人たちを見たら、みんなすごくがんばっていて。年も感じさせないし、もちろん見た目も若くて。そういう人たちを見たときに、「あ、いらんことしてる人は老けるんだな。本業、やるべきことをガーってやってる人は若いんじゃないかな」って思ったの。だから、「自分も音楽を一生懸命やったほうがいいんじゃないか」っていうのを感じたんですね。なぜか。

『40代、ロック』に登場する多くのミュージシャンは波乱万丈の人生を送っているけど、けっこう心が強い。

大槻ケンヂの〝陰〟が、彼らの〝陽〟を引き出している。とはいえ、彼らは負の部分を隠そうとしない。その潔さも魅力である。

大槻ケンヂは『サブ鬱』にも出てくるのだが、そこではこんな話をしている。

吉田　結局、アスリート化するしかないですもんね。ボクが『BAND LIFE』（メディアックス）でバンドの人をインタビューしても、いまでも元気なのってみんなちゃんと走って体力作りしてる人だったし。

大槻　そうそう。でもオーケンの辞書に「走る」って言葉はなくなったから。四〇手前で健康診断を受けたら、もうボロボロ。普通、ラウドロック系ってもともと基礎体力がある人が始めるんですよ。俺なんか、サブカル少年がまかり間違ってラウドロックバンドの

―ボーカルになっちゃった巻き込まれ型だから無理だよ！　それでさらに痛風も判明でしょ。―

大槻ケンヂは、痛風を「打ち上げ病」だという。ライブで暴れたあと、酒を飲み、揚げ物や塩分の多い料理を食い、そのまま寝る。これでは「痛風一直線でメタボ一直線」だ。

この二冊の中年談義を読んでいておもったのは、若くて体力があればこそ、不健康な暮らしに耐えられるということだ。若いころは睡眠や栄養が不足していても生命力で乗りきれる。でも、中年になったら無理だ。いや、それが無理になることが、中年になるということなのかもしれない。

サブカルの場合、冷暖房のきいた部屋で寝転がりながら満喫できるから、アウトドアやスポーツが趣味の人と比べてからだの衰えを自覚しにくい。そこにフリーランスでひとり暮らしといった条件が加われば、さらに不規則な生活に拍車がかかる。

こうした生活習慣を立て直す方法は「アスリート化」路線以外にないのだろうか。

わたしはむしろ半隠居の道を提唱したい。

働きすぎはからだに毒と考え、休み休み働き、休み休み遊ぶ。なるべく生活水準を低く保ち、散歩と日なたぼっこを心がける。

とはいえ、あまりにも暇すぎると、余計なことを考えすぎて気が滅入る。

それで食っていけるのかという問題もある。
この話はまたいずれ。

上機嫌な中年になるには

世間知といわれる処世の知恵は、エチケットに近いものだとおもう。無用な衝突を避けるために、世間知を身につける。

だが、世間知を実生活で使いこなせるようになるまでは時間がかかる。

それなりに修行が必要だ。

ふだんはおとなしいのに余計な一言が多いというナンギな性格のわたしは、十代、二十代のころ、行く先々で摩擦を引き起こしてきた。

仕事を始めてからは、自分の好き勝手にふるまえば信用をなくすし、義理やしがらみもあって、やりたいことはなかなかできない。人間関係は円満であるにこしたことがない。だからといって、お世辞をいったり、追従したり、そういうことはしたくない。ここはぐっとこらえて、損して得とれの精神でいこう。頭ではそうおもっていても、すぐカッとなる。自分を制御することができない。

もちろんそのあと反省する。カルシウムが不足しているのではないか。ではなく、このままではいかんと……。

自分がカッとなるのは、誰かに不愉快になるようなことをいわれたり、されたり、何かしらの理由がある。もうすこし感情をコントロールできるようになりたい。穏やかな性格になりたい。いくらそうおもっても、そうなれるとはかぎらない。人間、そんなに急には変われない。

中年と呼ばれるような年ごろになり、ようやくわたしも大人の知恵の必要をかんじるようになった。

とくに結婚してからはそのおもいが強くなった。

そんなある日、何の気なしに田辺聖子のエッセイ集『星を撒《ま》く』(角川文庫、単行本は一九八六年刊)を読んだ。田辺聖子には『中年ちゃらんぽらん』『中年の眼にも涙』『女の中年かるた』など、タイトルに「中年」の二文字のついた本がけっこうある。

中年の研究をする上では避けて通れない作家だ。

しかし、わたしは長年、田辺聖子の本を避けてきた。関西のアクの強いおばちゃんだとおもっていた。完全に誤解だった。イメージで判断しちゃいけない。

わたしは中年期を迎えるにあたって『星を撒く』から多大な影響を受けた。

私はある小説の中で、夫と妻の、どちらかの不機嫌のことを椅子取り遊びにたとえたことがある。不機嫌というのは、男と女が共に棲《す》む場合、一つしかない椅子だと思う。どちらかがそこへ坐《すわ》ったら、片方は坐れない。

どっちかが先に不機嫌になったとき、片方も負けずに不機嫌でいるわけにはいかない。それはオトナのバランスといえない。

田辺聖子の教えは、夫婦関係を円満に保つための知恵だが、人間関係全般にも応用可能なアドバイスだろう。誰かが怒ったときに怒り返さない。不機嫌の椅子はひとつ——だとすれば、最初にその椅子に座るような人間にはならないよう心がける。

わたしは三十二歳で結婚した。

十九歳で上京し、十年以上ひとり暮らしをして、家事その他は人並みにできるようになった。ところが、他人といっしょに生活していくための配慮はちっともできなかった。

同居をはじめた当初はひとり暮らしのころのペースが崩れるたびにイライラし、妻よりもわたしのほうが先に不機嫌の椅子に座ってしまいがちだった。

田辺聖子は、経験を積むうちに、相手の機嫌がわるくなりそうだなと察知したら、「ちょっと言葉に彩をつけて雰囲気をやわらげたり、する術」が身についたという。

なるべく不機嫌の椅子に先に坐るまいと配慮する。そのうち、二人とも、どちらも坐らないコツをみつけるかもしれない。

　こういうのができるのが、ほんとのオトナだと思う。椅子取り遊びをしないのがオトナといってもよい（「椅子取り遊び」）。


別にいつも「オトナ」でいる必要はない。それはそれで疲れる。ただ、できるだけ不機嫌にならないように気をつけることなら何とかできるかもしれない。

「椅子取り遊び」には不機嫌以外にもさまざまな椅子がある。

「あたし、忘れっぽいのよ」という椅子、「移り気」の椅子、「持病もち」自慢の椅子などもそう。田辺聖子は、どんな場合も「愛情強い人ほど、一つしかない椅子には坐らないで、愛のうすい、というより想像力のない人が、どっかと居坐る」という。

厳しい意見だが、勉強になる。何事も「想像力」が鍵なのだ。

『星を撒く』所収の「余生について」も、わが中年哲学を形成する上で役に立った。

生きていれば、何度となく危機に見舞われる。

田辺聖子も市電に轢《ひ》かれそうになったり、大空襲を免れたり、ガスストーブのガス漏れ事故未遂を起こしたりしている。

とくに四十代のガス漏れ事故未遂は、危機一髪のところ、助かったらしい。

当初は、

「運が強いからだ」

と思っていたかもしれない。

しかしそれはやっぱり、拾いものをしたのである。あれからあとの人生は余得である。

余生というのは、自分の人生を、

「好きに使える」

ということでもある。（略）一瞬にしてそうかわったのではなく、ダンダンにそう思えてくる。


余生から見る人間は、いじらしくも愛しい。限られた人生を、けんめいに生きてるというようにみえる。

いばっている人は阿呆らしくみえる。

意地のわるい人は、かわいそうにみえる。

よくせきつきあいにくい人は、距離をとることをおぼえる。

この教えを知って、わたしはずいぶん楽になった。不機嫌になりそうなときは、まあ、「余生」だからとおもうことにした。

『上機嫌の才能』(海竜社、二〇一一年)は、田辺聖子の小説やエッセイから、上機嫌に生きるためのヒントとなる言葉を抜き出した本だ。田辺聖子にはほかにも『上機嫌な言葉366日』『老いてこそ上機嫌』という本もある。田辺聖子より箴言集《しんげんしゅう》を刊行している作家は思いつかない。気落ちしたときに頁をめくると、ちょっと心が晴れる。

自分自身がせっぱ詰まって「もうアカン。お手上げや」と思うことがあったら？　そういうときは、「そや、お昼でも食べよ」と声に出して言うてみたらよろしい。実際にお腹が満たされたら、「あんなに心配したん何やったんやろ。アホらし」ということもありますよ(『婦人公論』二〇一一年七月号)。

『星を撒く』の「とりあえずお昼」にも、これと似た話が出てくる。

私はこのトシになってみると、

「とりあえずお昼」

と、

「とりあえず寝る」

ことより、以上の大事な事はないように思えてきた。

そして気の取り直しかたとしては、これ以上のものはない。


疲れたら寝る。帰りたくなったら帰る。とりあえず機嫌よく生きていれば、ちょっとくらいのわがままは許される。許されなくても、余生だとおもえば別にかまわない。これもまた上機嫌に生きるためのコツだろう。

田辺聖子は、読者から色紙に「何か書いて下さい」といわれたとき、「『気を取り直す才能』と書いたりした」そうだ。

自分の仕事にたいして、こっぴどく文句をいわれて落ち込んでも「百人けなす人がありゃ百人ホメる人もあり」と気を取り直す。それもまたオトナのバランス感覚だといえる。

『人生は、だましだまし』（角川文庫、単行本は二〇〇三年刊）の「家庭の運営」というエッセイで田辺聖子は、「家庭の運営、というものは、だましだまし、保《も》たせるものである」という自作のアフォリズムを紹介してもいる。

そのあとに続く解説が深い。

自分の健康も人間関係も万全の状態を維持することはむずかしい。綻《ほころ》びをつくろい、壊れたところは似たような部品で何とかし、「あり合わせのココロ」でごまかしていくしかない。

大切なのは、とりあえず、到着地点まで保たせることである。〈家庭〉のご機嫌をとるのを、〈だましだまし〉という。〈だましだまし〉というのは詐欺や騙《かた》りではない。〈希望〉の謂《い》いである。

「だましだまし」の技術は中年以降も鍛え、伸ばすことのできるものだという。「オトナ度」というエッセイによると、この技術は「かなり作為的であって、人生的腕力」を必要とする「壮年の人生心得」なのだ。「上機嫌の才能」や「気を取り直す才能」もたぶんそうだろう。

そのためには「〈ナアナア〉のつきあい」を心がけ、相手の落度を「〈ま、しゃーないやん〉でやりすごす」ことが望ましい。その度合こそが「オトナ度」だと述べている。

上機嫌な中年になるための道のりはけっこうたいへんだ。田辺聖子ほどの余生の境地にはなかなか至れそうにない。自分にできることをだましだましやっていくよりない。

ひとつしかない椅子を譲り合おうにも、忙しいとイライラしやすい。疲れているとイライラしやすい。腹が減っているとイライラしやすい。だったら、予定をあまりつめこまず、疲れをためこまず、空腹を避けるようにする。とりあえず食って寝る。それが答えだ。

すこしずつその成果も出てきた。結婚して年に一キロくらいのペースで体重が増えた。たぶん中年太りだ。

そのせいかどうかはわからないが、細かいことが気にならなくなった。細かいことが気にならなくなったから太ったのかもしれない。

心なしか風邪もひきにくくなった。

「真贋」を見分ける

上京して二十余年、ずっと古本屋通いをしている。

たまに古道具屋や骨董市で古本を買うこともある。古本の場合、書画骨董の世界とちがって、贋作《がんさく》をつかまされたみたいな話はほとんどない。たまにニセ署名本が出回ることがあるくらいだ。

ときどき古道具屋の知人と酒を飲む。知人の鞄からはよくわからないチラシ、古い栓抜き、動くかどうか不明の時計、ボロボロの革製品、不気味な顔の人形など、いろいろなものが出てくる。

わたしには価値がまったくわからない。こんなもの、誰が買うのかとおもうが、しっかり値段をつけている。

古道具や骨董品の値段は、需要と供給の関係とか稀少価値とか、さまざまな要素によって決まる。一見、何の価値もないようなものでも、是が非でもほしいという人が数人いれば、値段はどんどんつり上がってしまうらしい。

世の中には、そうした品物を探し出してくる「目利き」がいる。

やや強引な導入とはおもいつつ、わが中年の本棚から、赤瀬川原平の『目利きのヒミツ』(光文社知恵の森文庫)を取り出した。

単行本は一九九六年に岩波書店から出ている。赤瀬川原平の著作の中でもいちばん好きな本だ。読んでも読んでも理解できなくて、もやもやしたかんじが残る。その感覚を味わいたくて、また読みたくなる。

この本の中でとくに印象に残っているのは「たとえば焼物の良さというのは、いちど自分の手で焼いてみないことにはその本当の良さがわからないような気がする」という言葉だ。なんてことのない色でも、いざ自分で出そうとすると、ものすごくむずかしい。何かを批評しても、そのむずかしさがわかっているか、わかっていないかで説得力がちがってくる。

だが、自分で作らなくても、よしあしを見抜ける人もいる。

赤瀬川原平は「おそらく見ることの集積が、それを作る作業の感覚にまで染み込んでいって、知識が実感にまで重なるということがあるのだろう」と考える。

最初は点だったものがつながって線になる。さらに線の数が増えると、それが絵のように浮かび上がってくる。

おそらく目利きと呼ばれる人は「見ることの集積」によって、ふつうの人にはわからない細かなちがいを判別できるのかもしれない。

プロ野球選手はふつうの人よりはるかに球がよく見える。画家や音楽家は目や耳の訓練と努力の結果、微細な色や音を見分け、聴き分けられるようになる。そうした感覚、将棋の棋士における大局観のようなものが、骨董や古本、あるいはスポーツや音楽、それぞれのジャンルにあるのではないか。

もうすこし目利きについて考えてみたくなったので、小林秀雄の『真贋《しんがん》』（世界文化社、新潮社版は一九五一年刊）と吉本隆明の『真贋』（講談社文庫、単行本は二〇〇七年刊）を読むことにした。

小林秀雄は骨董にのめりこんだ一時期、原稿を一枚も書かず、陶器の売り買いで暮らしていたことがある。表題作の「真贋」という随筆はこんな話だ。

ある日、小林秀雄は良寛の「地震後作」と題した詩軸を買い、得意になっていた。

歌人で良寛の研究家の吉野秀雄が家に遊びに来たときも「地震後作」を見せた。

地震というのは、天明か越後か——そんな会話を交わしたあと、吉野秀雄は、「いや、越後に地震があってね、それからの良寛は、こんな字は書かない」といった。

その言葉を聞いた小林秀雄は、一文字《いちもんじ》助光《すけみつ》の名刀でその贋物《にせもの》の詩軸を十字に斬ってしまう（日本刀で斬った話は作り話という説もある）。

小林秀雄が骨董にのめりこみはじめたのは三十代後半で、「真贋」を書いたのは四十八歳のときである。

彼に焼物の魅力を教えたのは、青山二郎だった。

はじめて買った呉須《ごす》赤絵の大皿の図柄と値段をいうと、青山二郎は「馬鹿」と一言。しかし、小林秀雄は納得できない。何度見ても、見事な皿だとおもう。

諦めきれず、青山二郎に鑑定を頼むが、「思った通りの代物だ」といわれる。

その晩、小林秀雄は悶々と悩む。


――俺の眼には何処か欠陥があるに違いない、よし、思い切って焼き物なんか止めちまおうとまで思い詰め、一夜を明かしたが、朝飯も食えず、皿を抱えて電車に乗った。――


小林秀雄にとって、「皿が悪いとは即《すなわ》ち俺が悪い事であり、中間的問題は一切ない」のである。

結局、その皿は本物だったのか贋物だったのか……それは伏せておこう。

わたしはこの随筆を読むたびに、小林秀雄の気迫に圧倒されてしまう。

小林秀雄は狐につかれたように骨董に魅入られ、生活は滅茶苦茶になった。そこまでいかないと何かをつかみとることはできないと考えていた。

見ることも聴くことも、考えることと同じように、難かしい、努力を要する仕事なのです
（「美を求める心」）。

小林秀雄は自身の目を鍛え続けた。坂口安吾との対談で、「骨董趣味」を諌《いさめ》られた小林秀雄は次のように返している。

俺も明日からでも陶器《せともの》商売が出来る。そこまで行かなければ、何があんた、陶器が判るものかね（『小林秀雄対話集』講談社文芸文庫、単行本は一九六六年刊）。

いっぽう吉本隆明の『真贋』は、電話インタビューをもとにした語りおろしで、骨董ではなく、文学における批評眼に触れている。

あるとき吉本隆明は、自分は理屈っぽい人間だと気づいた。自作の詩の中に「無意識のうちに形成された自問自答のようなもの」がない。そのことに不満があった。その不満があったからこそ、「批評眼が芽生えてきた」という。

――「いいもの」は好き嫌いで判断できない何かを持っている。

――文句なしにいい作品というのは、そこに表現されている心の動きや人間関係というのが、俺だけにしかわからない、と読者に思わせる作品です。

そういう作品は「第一級」と考えていい。ひとりひとりの読者に「俺だけにしかわからない」とおもわせるような作家は、時代を経てもなかなか滅びない。

読者としての「批評眼を磨く」ためには「ただ考えるとか、ただ本を読むというだけではなく、体の動きと組み合わせて修練する」ことが必要だという。

「歩きながら考える」。手を動かしながら考える。感銘を受けたところを「抜き書きしながら読む」。批評眼は、頭と体の「運動性」と結びつけたほうがいいというのが吉本隆明の持論だ。

吉本隆明はさらに、「噂話や消息通の話などを一切信用せず、自分の目や感覚で人やものを見るように」しているという。

――よし悪しというのは、バランスのようなもので、全否定も全肯定もなかなかできないものだと考えています。

村上春樹が自筆の原稿を古本屋に流されたことを雑誌で告発したことにたいし、吉本隆明は「そうした行為をした人に対しては、そうせざるを得なかった事情も考えるべきだと思うのです」と語っている。

ようするに、その人が窮地に陥って仕方なくやってしまったことなら、大目に見てあげたほうがいいということだ。

人として悪いことはやるべきではないけれども、いけないとわかっていながらやっているのを見たときに、自分も同じようなことをしてしまうと想像ができるから、頭ごなしに怒ることはなかなかできません。

この吉本隆明の考え方は、賛否が分かれるところだろうが、一聴に値する意見だとおもう。

小林秀雄と吉本隆明、二冊の『真贋』を読むと、彼らは自分の目にたいし、日々の修練を課していたことがわかる。

ただそれは真贋を見分けるのが目的ではないような気がする。

むしろ自分の審美眼や批評眼がどこまで通用するのか、そのことに人生を賭けていた。

先に引用した赤瀬川原平の『目利きのヒミツ』所収の「真贋の奥に見える生きもの」という

エッセイも、「眼力」について言及している。

赤瀬川原平はクラシックカメラの趣味を通して、「やっぱり身銭を切らないと物は見えてこないのはどの世界も同じようで、お金を媒介としてその物との関わりが一段と深まる」とおもうようになる。

お金が絡むことで本腰が入る。しかし、高くてよいものではおもしろくない。

とにかくできるだけ安い物の中から良い物を探したい。つまり金で解決ではなくて、自分の眼力で勝負したい。

中古市場において値段が安いものというのは、多くの人がその価値を見いだしていないものである。そこから（自分にとって）よいものを見つけ出す快楽——それが目利きの醍醐味だ。

クラシックカメラにかぎらず、何かしらのマニアであれば、この気持はよくわかるのではないか。マニアのあいだで評価されていないものに、新たな価値を見いだす人も、ある種の目利きといえるだろう。

たぶん、そうした眼力は、中年以降も伸びしろがあるようにおもう。経験がものをいう世界でもある。

何より、自分の眼力や審美眼を試す行為は楽しい。もちろん失敗したり、痛いおもいもする。誰がなんといおうが、これがほしい。何としても手にいれたい。自分がこんなにいいとおもうのだから、きっと何かあるはずだ。

古本や中古レコードを探しているとき、わたしもそんなおもいこみや勘違いをよくする。

その結果、よいものを安く買うどころか、しょっちゅうジャンピングキャッチ（最高値で買うこと）してしまう。

お買い得とおもったら、書き込み、線引き、破れ、傷などがあって、不要になったとき売るに売れないことも……。

目の修練がまだまだ足りない。

「林住期」の読書

数年前、京都の古本まつりのあと、郷里（三重）に帰省すると、父の本棚に立元幸治著『「こころ」の出家――中高年の心の危機に』（ちくま新書、二〇〇二年）という本があった。自動車工場で働いていた父が定年したころだ。タイトルの「出家」、サブタイトルの「心の危機」という言葉を見て、ちょっと心配になった。

わたしの父は温厚だったが、ほとんど喜怒哀楽が表に出ない。無口で会話らしい会話をした記憶がない。工場で働いていたときは、毎日同じ時間に起きて、同じ作業着姿で家を出て、仕事が終わると、まっすぐ寄り道せず帰ってきた。

晩飯を食い、芋焼酎を飲み、文庫（エンターテインメント系の小説）を読んで寝る。何を考えているのかわからない。

帰省はしたものの、とくに何もすることがなかったので、『「こころ」の出家』をぱらぱら読んでみた。ユング、吉田兼好、山頭火、ギッシング、ソローを中心に、さまざまな作家、思想家の書物を通して、中高年の不安や心の危機を考察している。

日本の作家では、神吉《かんき》拓郎の『ブラックバス』と『私生活』（いずれも文春文庫、単行本は一九八一、八三年刊）、黒井千次の『五十代の落書き』（講談社、一九八六年）なども紹介していて、文学エッセイのような趣もある。

最初は仏教色の濃い本かなとおもっていたのだが、そうではなかった。

二十一世紀に入って、豊かさや繁栄を求めるというこれまでの価値観が揺らぎはじめる。そうした中、「心の豊かさ」をどう達成すればいいのか。充足した日々を送るにはどうすればいいのか――


とくに、中高年という人生の節目を生きる世代の人々にとって、問題は深刻である。自分たちがひたすら追い求めてきたものは何だったのか。そしてまた、自分たちが生きてきた生き方は、本当に自分が生きたと言える人生だったのであろうか。

世の中の変化のスピードがますます加速するなか、現代の中年（中高年）は、「時代の大きな転換期と人生の転換期」に直面している。この本が刊行されてから十数年の月日が流れているが、その状況は変わらないだろう。

第一章は、神吉拓郎の「鮭」という短篇の主人公である四十代半ばの会社員男性の話からはじまる。

ある日、男は、いつものように会社に行って、そのまま四年間帰ってこなかった。妻にも本人にもその理由はわからない。

性格も真面目で、女性問題をはじめ、対人関係のトラブルは何もなかった。

同僚がある場所で男と会う。家を出た理由を聞くと、男は「急に、虚しいな、という気がしたんだ」と答える。

ナサニエル・ホーソーンの名作「ウェイクフィールド」（一八三五年）をおもわせる作品だけど、こうした日常からの離脱願望は、それほど珍しいものではない。

自分の役割や肩書から自由になりたい。身軽になりたい。誰も自分のことを知らない場所でひっそりと暮らしたい。これまでの自分をリセットしたい。中年にかぎった欲求ではないとおもうが、中年の心に宿りやすい気分ではある。

「鮭」の主人公のような空虚感について、「一般的には《成人の危機》と言われるものである」と立元幸治は指摘する。

「成人の危機」は、成人の男女を思春期の若者のように不安定にしてしまう。この問題の厄介なところは、今の生活にこれといった不満がなくても、突然、自分を見失ったり、虚しくおもえたりすることだ。

確かに、中年期に、あるいは人生の最盛期に、人々はさまざまな問題に遭遇することが少なくない。それは親子の問題であったり、夫婦の問題であったり、あるいは仕事上の問題であったり、その他の人間関係の問題であったりする。しかし、明確な理由もなく、危機を迎えるということもしばしばである。

急に、これといった理由もなく、「すべてが虚しく」なってしまうのも「中年期の一つの特徴的な状況」なのだ。

安定の落とし穴といってもいい。むしろ、ちょっと不充足をおぼえるくらいのほうが、精神の安定は保てるのかもしれない。

「鮭」が収録された神吉拓郎の『私生活』は第九十回直木賞受賞作である。『「こころ」の出家』では、『私生活』の中から「つぎの急行」と「警戒水位」、そして『ブラックバス』からは「金色の泡」も取り上げている。いずれも中年男性の不安や悲哀を描いた佳作である。

神吉拓郎の短篇の登場人物たちはたいてい元気がなくて、疲れている。わたしは、『私生活』の収録作では「かけだし老年」も好きだ。

主人公の坪井はライター稼業のようなことをしているのだが、かなり前に妻を亡くし、「男やもめ」の生活を続けている。

仕事のあと、「肩が凝り、目が疲れる」（肩こりをとるため、シャワーを首筋にあて続けるといった中年描写もこの短篇の味だ）。ほかにも老化の兆しがいくつかあらわれている坪井は、ある建築家のパーティーで昔なじみの和田、そして旧知の星名に会う。星名は片足をひきずっている。駅で転んで骨折したらしい。それぞれ年齢は還暦をちょっと過ぎたあたりか。星名は、「われわれは、確実に年を取ってるんだよ。爺い予備軍から、一軍へ昇格しかかってるんだ」と語る。

坪井自身は、おそらくは急性鼻炎の影響で匂いをあまりかんじなくなった。

段々世間が遠くへ行ってしまう。さまざまな、身に備わった感覚が鈍ってきて、今迄自分の身近にあった世間が、次第に遠く、おぼろげに感じられるだけになってしまう。そうなったらどうしようかという不安が坪井の身うちで徐々に大きく成長しかかっている。

今までできなかったことができるようになるよりも、これまでできたことができなくなる。おそらく中年期の心の不安もからだと無関係ではない。

そういう気分に陥ったとしても、よくあることだとおもえば、すこしは楽になる。

ところで、有名な話なのかもしれないが、わたしはこの本を読んで、インドに伝わる「四住期」という教えをはじめて知った。

「学生期」は学びの時期、「家住期」は家庭を持ち、子孫を育てる時期、「林住期」は「人里離れた森林の中などで隠棲《いんせい》する」時期、「遁世期《とんせいき》」は俗世間から離脱し、「苦行と巡礼の旅に明け暮れる」時期らしい。

いわゆる中年は、家住期から林住期に移行する段階にあたる。

「人生の後半期」に入って、「現実から一定の距離をおき、そこから自分を見つめなおしたい」というおもいは、「ある種の出家願望、あるいは広い意味での隠棲へのあこがれに通じる」

中年、中高年にかぎらず、世の中には一定数、「出家」や「隠棲」に心をひかれている人はいるとおもう。わたしもそうだ。若いころから、そうだった。しかし、食べていかなきゃいけない。仕事をしないわけにもいかない。忙しくなると、気持が荒んでくる。日々をどうにかしのげるようになって、すこし落ち着いても、その生活を維持しようとおもうと、同じような日々のくりかえしになりがちだ。

昨日と同じような今日、先週と同じような今週。休日は気力と体力の回復にあて、再び仕事を片づけ続ける日々を送る。そうすると、何もかも捨てて、放浪したい、隠居したいというおもいにかられる。

しかし、そう簡単には出家も隠棲もかなわない。

そこで立元幸治は、出家もしくは隠棲をもっと幅広くとらえ、それに近づく道を考えてみてはどうかと提案する。


わたしたちにとって、現実を捨て、あるいはそれから逃避し、〈森林〉の生活に入ることは、実際困難なことである。しかし、日常の中にそのような時間を確保し、そのような視点を持つことは可能ではないか。


この本は、半出家、半隠棲のすすめといえる。

そういえば、四十代に入って、友人知人と飲むと、よく田舎暮らしの話になる。半分くらいは家賃や生活費の問題が理由なのだが、残りの半分にはもうすこしのんびりした暮らしがしたいというおもいがあるのだろう。

若いころとちがい、刺激にとんだ生活が送りたいわけではない。出家や隠棲とまでいかなくても、忙しい日々に疲れてくると、むしょうに山や海のそばで暮らしたくなる。

それはむずかしくとも、現実（世俗）とすこしだけ距離をとり、「自分を見つめ、自分と向き合う」時間と視点を作って、「心身を安らかに、豊かに生きること」を『「こころ」の出家』では提唱している。

中年の心理学、老いの哲学の本でもあるが、人生後半期の読書案内としてもおすすめである。おそらく長い時間をかけて、ほんとうに好きで読んできた本の中から、人生訓や生活知を抽出している。

何よりテーマにがんじがらめにならず、自由気ままな読書を通して思索しているかんじも心地よかった。読みすすめるうちに、突然、何もかも虚しくなったときの免疫もついたような気がする。

父の本棚にあった『「こころ」の出家』は、一箇所だけ頁の端が折られていた（ちなみに、わたしは頁を折らない派だ）。

その頁には、山頭火の日記（其中《ごちゅう》日記）から「誓願《せいがん》三章」が記されていた。

一、無理をしないこと

一、後悔しないこと

一、自己に佞《おもね》らないこと

この誓いを山頭火はちゃんとは守れなかったようなのだが、中年の心得として心に留めておきたい言葉である。

いつまでも若くはいられない。多少の向上心や好奇心も必要だけど、徐々に衰えていく自分を受け入れたほうが楽なのではないか。

そのためにもスケジュールに余白を残すことも大切だ。中年期以降は、増やすことだけでなく、減らすことも考えないといけない。

これまでの自分の人生は何だったのか――そんなおもいが去来したときは、今の自分がやっていることをすこし減らせというサインだと考えることにした。

日曜〇〇家

年とともに、しだいに無理がきかなくなる。いや、無理をしたくなくなるといったほうが正確かもしれない。ここで無理をすれば、翌日つらくなる。それなら早めに休んで、疲れをためないようにしたほうがいい、とついついおもってしまう。

若いころから、わたしはそんなふうに考えがちだったのだけど、それでも今と比べれば、もっと活発だった。

取材や打ち合わせの帰りに古本屋や中古レコード屋をまわり、朝まで飲んで、始発の電車で帰る。週に何日かそんな日があった。当時は楽しかったが、今、同じことをやれといわれたら苦行である。

生活のことを考えると遊んだり休んだりしてばかりもいられない。そうなると、どうしても仕事を優先し、遊びの時間を削らざるをえない。

すこし前に、フリーの編集者兼書店のアルバイトをしている知り合いから、「おもわぬ大金が入ったら、何がほしい?」と聞かれたのだが、何もおもいつかなかった。

物欲がない……わけではないが、趣味の古本屋めぐりにしても、とくに稀少本は蒐集していない。なんというか、日々の生活の中で、ちょっとだけいい肉とかいい卵とかが買えたらいいなとはおもうけど、そのくらいなら別に大金は必要ない。

酒の席でそんなことを酔っぱらって喋ると、知り合いは、「ほんとうに夢のない男だなあ」と嘆いた。

しばらくして、「おもわぬ大金が入ったら、何がしたい?」という質問だったらどうだろうと考えた。

それなら即答できる。

隠居したい。

昔からわたしは隠居生活に憧れている。生活費のために仕事をせず、時間を自分の自由に使いたい。本を読んでいても隠居という言葉にすぐ反応してしまう。タイトルに隠居の文字がなくても、その匂いのする本がある。

書店で『藤枝静男随筆集』(講談社文芸文庫、二〇一一年、以下『随筆集』)を見かけたときにも、その匂いがした。目次をパラパラ見ていたら、すぐに「隠居の弁」という文字が目に入った。

藤枝静男に関しては、『欣求《ごんぐ》浄土』の単行本(講談社、一九七〇年)の「あとがき」の「私は今、死を視野の余り遠くない端に眺めながら、網をじりじり引きしぼるように、自分の一生を収束して行こうとする気分になっている」という文章がすごく印象に残っていた。

わたしが『欣求浄土』をはじめて読んだのは三十歳前後だけど、その後、それほど熱心な読者にはならなかった。小説そのものにはピンとこなかったのだ。

今は不明を恥じている。

藤枝静男は一九〇七年生まれ。勤務医をしていた三十九歳のときに小説を書きはじめた。中年デビューの作家であり、『欣求浄土』を書いたのはちょうど還暦を過ぎたあたりだ。

「隠居の弁」によると、当時の文筆での「一年の稼ぎ高」は「約百万円」ほどで、「扶養家族にもなれない隠居というのが適当なところであろう」とのこと。

『随筆集』に「日曜小説家」と題した一篇がある。

画家の曽宮一念の『日曜随筆家』（創文社）という本を読んだ藤枝静男は、「自分も日曜小説家の一種ではないか」とおもったのだ。

——勿論《もちろん》片手間でやっているわけではないけれど、それに全生活をかけて居る作家に対する内心のヒケメはどうすることもできない。——

同時に、「僕は、活計のために書く必要はないのだから、真面目な小説だけを書く。書く義務があると思う」「どうせ趣味でやっているのだから、せめて態度だけは真面目に、内心の欲求にだけ従った小説を書く」ともいう。それが「素人作家の特権」だと考えていた。

ほかの仕事をしながら、文章を書く。不自由な制約が集中力を生むこともあれば、仕事のストレスが表現のモチベーションになることもある。

わたしはこの随筆を読んでいるうちに、曽宮一念の『日曜随筆家』のほうも気になってきた。「日本の古本屋」を調べてみると、一九六二年刊、函入《はこいり》限定百部の特装本であることがわかった。古書価はだいたいちょっと高めの単行本と同じくらいか。おもったより安い。さっそく注文してみた。布張りの函に、本文中にはところどころ自作の絵や挿画もはいり、検印篆刻《てんこく》は串田孫一によるものだ。手間のかかっていそうな作りの本である。

表題作の「日曜随筆家」を読むと、絵は「骨身を削る」までやるが、「日曜随筆」のほうは「手に負えなければサッサと投げ出せば済む」とあった。

もっとも、曽宮一念はいいかげんに書いていたわけではない。たとえば、『日曜随筆家』の「りくつをいわぬりくつ」という文章は、今日の芸術家志望の人たちにとっても示唆に富むものだろう。

画の美しさは「計数と理論だけでは生れるかどうか」「われわれ職業画家の臭みを、私はその技術から鼻にかぐことができる」と疑問を呈し、「素人になりたい、子供になりたいと願う」中年の問題としても、こうした〝職業ズレ〟は深刻である。だんだん仕事に慣れてきて、手抜きをおぼえる。同時に自分の型のようなものができてくるが、ある種の熱や勢いのようなものは失われてしまう。

曽宮一念の「素人になりたい」というおもいは画家にかぎった話ではないだろう。

藤枝静男の「日曜小説家」は、「日曜随筆家」に触発されて書いたものだが、もしかしたら、隠居するにあたっては、この本の「茶話」という随筆に心を動かされたのかもしれない。

画家には定収入も恩給も印税もなく社会保証制度も皆無に近い。今後もよい条件は得られそうもない。けれども誰も病中の保護はしてくれないが、人に気兼ねなく自分の損失だけの覚悟で休む事が出来る。

藤枝静男は「隠居の弁」で、「とにかく自由に、損得を考えずにやれる仕事を自分に課したいという気は強かったのである」と隠居に踏みきった理由を語っている。

——私はかねがね六十になったら隠退しようと考えていたが、もう六十二になっていた。開——

業医生活というものがつくづく嫌になっていたから少しでも早くやめて、残された僅《わず》かの時を自分の自由につかいたかった。そして頭が馬鹿になり身体が効かなくなってからの隠居は無意味だから、目標を六十に置いてきた。

目標は六十歳だったけど、すこし遅れて六十二歳で娘夫婦を眼科医院の跡継ぎに据えて、隠居の身となった。ちなみに、「隠居の弁」は六十六歳のときの小文である。

年譜によると、一九七〇年八月に『欣求浄土』が出て、翌月、ソ連作家同盟の招待で城山三郎や江藤淳らとソ連を訪問し、「これを契機に診療を長女夫婦に譲る」とある。『随筆集』の「筆一本」でもそのあたりの事情を綴っている。

一九七〇年十二月三十一日づけで「保健所に廃業届を出し」、「名実ともに筆一本の生活」にはいる。しかし長い医者生活をやめて、やがて強い「無力感」をおぼえるようになった。

その中身はどうも自分が世間の役に立ってないという感覚にあるらしい。(略)自分の小説が役に立つはずはない。はじめから自分自身のため一方で書いてきたしそれを目的でやってきたのだから当然だが、今となると何だか寂しいのだから変だ。

作家の中には、ずっと専業の人もいれば、定年もしくは定年ちかくまでほかの仕事をしながら書き続けている人もいる。どちらがよくて、どちらがよくないという問題ではない。ただ、どちらも隣の芝生は青く見えているような気がする。

藤枝静男の場合、一か八かの賭けではなく、隠居生活をしても、生活に困る状況にはなかったこともあるとおもうが、それ以上に、医師の仕事と「日曜小説家」の両立がきつくなってきたのではないかという気もする。

ひさしぶりに藤枝静男が隠居する直前に書いた「欣求浄土」を文庫（『悲しいだけ・欣求浄土』講談社文芸文庫）で読み返してみた。

一九六八年四月に発表――当時、六十歳。

藤枝静男は私小説作家だが、この小説の主人公は「章」という名前である。

「若い友人」といっしょにテレビを観ていると、サンフランシスコのヒッピー族が映った。章は画面に引き込まれる。いっしょにいた「若い友人が、自分の感心したというピンク映画を見ること」をすすめてくる。章は観にいく。しばらくピンク映画の描写が綴られ、章は、「真面目な映画だ」とおもう。家に帰った章は、なぜかベッドの上で「死顔の真似」をする。それから急に友人ふたりと北海道に行って、サロマ湖を眺める場面に移る――

というのが、「欣求浄土」の大雑把なあらすじなのだけど、物語らしい物語がはじまる気配はない。

『欣求浄土』は短篇連作で「欣求浄土」のあと、「土中の庭」「沼と洞穴」「木と虫と山」「天女御座」「厭離穢土《えんりえど》」「一家団欒《だんらん》」と続き、老いや死の不安、家族のこと、半生の回想、深い自己嫌悪の感情、そして妄想のようなものが綴られている。「天女御座」では、作者のものとおもわれる文学観も提示される。

> 章が書くような小説は、評者によって「私小説」または「感想小説」というレッテルを貼られて、正統な小説より一階級下のものとして一括軽蔑されている。

しかし章は、「誰だって、小説を書く目的の何割かは自分自身のためだから、人が何と云おうと、自分の気のすむように書く他はない」と開き直る。

「天女御座」にも「盲人」が粘土で作った自刻像の話をしたあと、私小説はそれと似ているというようなことを語る場面があるのだが、『随筆集』の「文学的近況」でも同じようなことを書いている。

結局、藤枝静男にとっての隠居とは、すなわち専業作家になることだった。三十四年間続けた眼科医の仕事をやめ、時間を自由に使えるようになると、執筆量はかなり増えた。

平林たい子文学賞を受賞した『愛国者たち』は六十四歳、谷崎潤一郎賞受賞作の『田紳有楽《でんしんゆうらく》』は六十八歳、代表作といえる『悲しいだけ』は七十一歳のときに刊行している（いずれも単行本は講談社、現在は講談社文芸文庫で読める）。

はっきりいって、専業作家としてはかなり充実した仕事ぶりである。こんなのちっとも隠居じゃないと文句をつけるつもりはない。今のわたしは隠居後の生活をより充実させるため、「日曜○○家」と自称できる何かを見つけたいとおもっている。

プロ棋士の〝四十歳本〟

一九九六年、第四十五期王将戦——谷川浩司王将（当時三十三歳）と羽生善治六冠（当時二十五歳）の対局が行われた。

将棋の七大タイトルは、竜王、名人、王位、王座、棋王、王将、棋聖とあるのだが、前年の王将戦は谷川浩司が防衛し、羽生善治の七冠王を阻止していた（現在は叡王《えいおう》を加え、八大タイトル）。七番勝負は四勝〇敗で羽生善治のストレート勝ち。史上初の七冠王が誕生した。

いわゆる〝羽生フィーバー〟が巻き起こっていたころ、わたしは新聞社で観戦記者づきのアルバイトをしていた。駒の並べ方を知っているていどだったにもかかわらず、暇そうという理由で声をかけられたのである。

わたしの担当は大盤解説会の会場にＦＡＸで棋譜を送るだけ。インターネット時代の今となってはありえない仕事だ。

対局者が長考にはいると、何もすることがない。まったく駒が動かない将棋盤を見ながら、

「どっちが勝ってるんですか？」と近くにいた記者に聞くと、「もしわかったらプロになれますよ」といわれた。

プロの将棋はわけがわからない。あまりにもわからなくて、逆に興味をもった。それから毎日のように新刊書店や古本屋をまわり、一年間で二百冊くらい将棋関係の本を買い漁った。『週刊将棋』の定期購読もはじめた。その後も棋士のエッセイや対談集は新刊が出るたびに読んでいる。

ただし、かんじんの将棋は、気分転換に詰将棋と「次の一手」問題を解くくらいで、強くなったわけではない。はっきりいって弱い。

でも、二十代後半から三十代のはじめにかけて、あまり仕事もせずに、毎日、昼から酒を飲むような生活を改められたのは将棋のおかげだとおもっている。

昔は大酒飲みで放蕩無頼の棋士も多かったそうだが、わたしが将棋に興味を持ちはじめた一九九〇年代半ばごろには、そういう棋士はかなり少数派になっていた。

無頼の棋士よりもちゃんと節制して勉強している棋士のほうが強い。残念ながら、いや、残念というか、当たり前すぎる現実を知って、わたしはこれまでの生き方を変えようという気持になった。

中年を迎えるにあたって、谷川浩司著『四十歳までに何を学び、どう生かすか』（ＰＨＰ研究所、二〇〇三年）を再読した。

（谷川浩司は一九六二年生まれ。中学生でプロ棋士になり、二十一歳で史上最年少の名人位、その後、永世名人の資格を得る。そして、四十歳のときに王位戦のタイトルを奪取、さらに史上最速・最年少で千勝達成（当時）を記録している。

> 四十代のメリットは、若い世代が関心をもっていることについても知識があるし、またひとつ前の世代とも知識や経験を共有できているという点ではなかろうか。

将棋の世界では最新の戦術研究を怠ると、序盤の駒組みの段階で勝負がついてしまいかねない。現代将棋は、昔とは比べものにならないくらい高度になり、ものすごいスピードで進化している。

若手棋士は情報に強く、研究熱心だが、「型から離れた局面を自分で切り拓いていく逞《たくま》しさに欠け」、「苦しい将棋を粘って逆転させるような精神力が足りない」という。

その点では勝っているとしても、体力のある若い人と同じ次元で張り合っていては、いつの日かついていけなくなる。だから四十代は「自分の年代ならではの強み」を「磨いていくこと」が必要なのだ。

その「強み」とは、「若い世代とも年配の世代ともコミュニケーションが取れるということ」。気をつけなくてはならないのは、年を重ね、「それなりの地位」を与えられると、人の話を聞かなくなり、しだいに「アドバイスをしてくれる人」もいなくなることだ。その結果、「『裸の王様』状態になってしまう」人も……。

四十代ではまだそんなことはないだろうが、少し頭が固くなってくると、もう自分では判断の誤りを是正できなくなってくるというケースもよくある。

つまり、「自分の型を頑なに守り続けているだけでは勝てない」。時代の変化に合わせて、柔軟に棋風を変えていくことも長く活躍するためには必要らしい。

四十代にとって、自分よりも若い人を意識し、彼らから積極的に学ぼうという意欲をもつことはとても大切だと思う。自分自身の基礎となるものはきっちりと守りながら、新しいものを少しずつ取り入れていく努力をすることが、どんな世界でも長い期間活躍し続けるためのカギだと思うからである。

四十代以降を戦い抜くために、ほかに何をすべきなのか。

年とともに記憶力や反射神経も衰えてくる。谷川浩司は、体力を維持するために一日二十分、詰将棋を考えながらエアロバイクをこいで、たっぷり睡眠をとることを心がけているという。また、体力が落ちてくる中、体重が増えると、「動くだけで消耗してしまう」し、対局中の正座もつらくなる。だから「体型を維持すること」は「何よりも大切」だと述べている。

四十歳以降、太り続けているわたしにとっては、耳の痛い意見だ。

といっても、通算一四三三勝（歴代二位）の〝昭和の大名人〟大山康晴や、対局数歴代一位の記録を持つ〝神武以来の天才〟加藤一二三《ひふみ》の体型を考えると、ちょっと太めくらいのほうがいいような気もする。

谷川浩司の〝四十歳本〟の刊行から八年後、羽生善治著『40歳からの適応力』（扶桑社新書、二〇一一年、のちに『適応力』と改題して文庫化）が出た。

羽生善治は一九七〇年生まれ。小学六年生にしてプロ棋士の登竜門である奨励会に入会した翌年に、二十一歳の谷川浩司が最年少名人になっている。

この本では四十代までの「『豊富な経験』をどう役立てるか」「『不調の時期』をどう乗り越えるか」「『独自の発想』をどう活かすか」「『変化の波』にどう対応するか」「『未知の局面』にどう適応するか」といったテーマが〝羽生の頭脳〟を通して語られる。

羽生善治は、「つま先立ちをする者は、長く立っていられない。大股《おおまた》で歩く者も、長くは歩けない（跂者不立、跨者不行＝跂《つまだ》つ者は立たず、跨《また》ぐ者は行かず）」という老子の言葉を紹介したあとに、次のように書いている。

自然に継続していきながら確実に身の丈を伸ばしていく、〝急がば回れ〟という言葉もありますが、このテーマについて考えると地道が一番と思えてなりません。

谷川浩司も羽生善治も中学生でプロ棋士になり、若くして棋界の頂点に登りつめた人物である。谷川浩司は〝光速の寄せ〟、羽生善治は〝羽生マジック〟といわれる独特の将棋を指す。特別な才能があることは、否定しようがない。

でも、彼らのほんとうのすごさは、ひたすら無理なく持続することを心がけているところにあるのかもしれない。どんなに強い棋士でも、十局指せば三、四局は負ける。トップ棋士同士の対局になれば、勝ったり負けたりだ。

ふたりの本を読んでいると、強い棋士は負けたときの対処も優れていることがわかる。つまり、次の対局にダメージを引きずらないのである。

『四十歳までに何を学び、どう生かすか』によると、四十代後半でA級に復帰し、当時「中年の星」と呼ばれた青野照市《てるいち》九段は、「我々の年代になったら、負けたときは〝これは何かの間違いだ〟とでも思ったほうがいい」と語っていたそうだ。

負けるたびに落ち込んでいたら、からだにもよくない（実際、連敗が続くと体調がおかしくなることもあるという）。

いっぽう十代のころの羽生善治はどんなに苦しい将棋でも粘りに粘り、なかなか投了しなかったが、「あるとき、駄目なときはやはり駄目で、そのときには素直に負けを認めて次に向かっていったほうがよいのではないか」とおもうようになったそうだ。

投了にはさまざまな解釈があって、早く投了することによってツキを充電していると思えるケースもあります。

若き日の谷川浩司も羽生善治も鬼のような強さで、年配の棋士に勝ちまくっていた。しかし、四十代になると、伸びざかりの若手棋士相手に苦戦を強いられるようになる。

プロになってから早いもので四半世紀、公式戦での対局数も一五〇〇を超えました。そして、今、思っていることは結果だけにとらわれないということです（『40歳からの適応

――力』)。

勝ち負けや数字ではなく、内容を重視すること。「結果が出ていないときに結果だけのモノサシで判断をすれば気持ちはどんどん落ち込んで」しまう。

連戦連勝はありえない。だとすれば、よい負け方――敗局後に気持を切り替えたり、立て直したりする力も必要だろう。これは中年になってからも伸ばせる力だとおもう。

年をとると何がどう衰えていくのか。からだの動きが鈍くなれば、すぐわかるのだが、思考の衰えはなかなか自覚できない。

『40歳からの適応力』では、経験を積むことによって、「可もなく不可もなく平均点が取れて大きな失敗は決してしない方法を自然に覚える」が、その方法を続けているうちに「惰性となって減速」すると忠告している。

わたしは経験を積むことを無条件でよしと考えていた。いわれてみれば、たしかにいいことばかりではない。

何か新しいことをはじめようとおもったとき、これまでの経験によって、その手間や時間がなんとなく想像できてしまう。単にものおぼえがわるくなったのかもしれないが、日々の仕事や雑用の合間にできることはかぎられているし、膨大な手間や時間がかかるとおもったとたん、急に億劫になることが増えた。とくに最近いろいろ諦めやすくなっている。

それでも、かれこれ二十年ちかく将棋だけには興味を持ち続けているのは、棋士の語る人生論がおもしろいからだ。

すこし先輩に谷川浩司、同世代に羽生善治がいて、人生の節目節目に考えていることを教えてくれるのは、ほんとうにありがたいとおもう。

次に将棋界で〝四十歳本〟を出版する人は誰か。加藤一二三、谷川浩司、羽生善治に続く史上四人目の中学生棋士で、永世竜王の資格を持つ渡辺明は最有力候補か（二〇一三年には永世棋王資格を獲得）。

一九八四年生まれだから、彼が四十歳になるのは二〇二四年――

そのころ将棋界がどうなっているのか想像もつかない。

しかし、将棋だけでなく、生き方の最善手をも模索するプロ棋士の本は刊行され続けているにちがいない。

仕事をやめたくなるとき

社会に出て二十数年——将来安泰といえるほど安定しているわけではないが、食うや食わずというほど不安定な生活でもない。今の仕事に満足しているとはいいがたいが、明日にもやめたいとおもうほど不満でもない。

同世代の友人たちと会うと、転職の話になる。ここ数年、仕事をやめて地方に移住した友人もひとりやふたりではない。

何か別のことに挑戦してみたい。新しい生活をはじめるのであれば、一歳でも若いときのほうがいい。もう若くもないが、この先はもっと若くなくなる。かくして、現状維持か変化かという自問自答を日々くりかえしている。

先日、ポー・ブロンソン著『このつまらない仕事を辞めたら、僕の人生は変わるのだろうか？』（楡井浩一訳、アスペクト）という本を読み返した。訳書の刊行は二〇〇四年、初読のときは三十代半ばだった。

ブロンソンは一九六四年、アメリカのシアトル生まれ。大学卒業後、コンサルタント会社、証券会社、出版社を渡り歩いたのちに作家になった。

この本の執筆前はテレビドラマの脚本を書いていたが、その番組が放送中止になってしまう。

今まで書いてきたたぐいの作品は、もう通用しないような気がしていた。自分が見てきた人生の奥深さとドラマ性を、もはや描き出せなくなっていた。

そして、自分以外の人たちに「人生で何をすべきか？」と問うことで、この問題に今いちど向き合うことにした。

『このつまらない仕事を辞めたら〜』の原題は、「What Should I Do with My Life?」――「わたしは人生で何をすべきか？」である。

執筆当時、ブロンソンは三十代後半だったが、この問い自体は中年にかぎったものではないだろう。

この本には、仕事をやめて、それまでとはちがう生き方を選択した五十人が登場する。

大手企業の顧問弁護士から長距離トラックの運転手になった人もいれば、大統領の政策スタッフを経て現在求職中の人、投資銀行の副社長から鯰《なまず》の養殖業者に転身した人など、他人が羨《うらや》むような仕事をしているにもかかわらず転職した人もいる。

ブロンソンは取材をはじめたころ、「金持ちになってから夢を追って、何が悪い?」との考えのもと、綿密な計画を立て、潤沢な資金を用意した上で、自分のやりたいことを実行し、成功した人にたくさん出会えるとおもっていた。

だが、よく見かけたのは、「〝きわめて優良〟な口座残高」がありながら、「安定した生活」と「あきらめきれない夢」のあいだでさまよっている人だった。

安定した生活を捨て、新しい生活に挑みたいが、その結果、貧困に陥ってしまうのではないか。自分の夢が原因でパートナーをふくめ、人間関係が壊れてしまうのではないか。

——一日に十回も、彼らは夢を実現する日を思い描く。しかし、実行には移せない。——

心理学用語に「現状維持バイアス(Status quo bias)」という言葉がある。未知の変化よりも今の状況が続くことを望む心理作用のことだ。このままだとジリ貧に陥りそうでも、今のままでいいやとおもう。何か新しいことをはじめようとしても、どうせ同じ、また一からやるのは面倒くさいと考えてしまう。考えれば考えるほど、変化を避ける理由ばかりが増えていく。

日本人の場合、継続は力なり、初志貫徹といった子どものころからの刷り込みがある。やめることはよくなくて、続けることは正しい。

とくに中年期以降は、現状維持バイアスが強くなる傾向がある。変化によって得るものと失うものとを天秤にかけた場合、失うもののほうが大きくかんじられるのも現状維持バイアスの症例らしい。

もちろん、何が何でも変化がよくて、現状維持がわるいというわけではない。仕事にしても、十年二十年と続けてこれたのは、それなりに適性があったからだろう。

ブロンソンも、「食うための仕事を投げ出して夢物語を追いかけろと背中を押しているわけではない」と述べている。

しかし、「つまらない仕事」を続けることで失われるもの――自分の時間や可能性について、もっと考えてもいいのではないかともおもう。決断を踏みとどまらせている判断が、かならずしも正しいとはかぎらない。

IT関係の国際営業ウーマンからマッサージ師に転職したマーセラ・ウィドリグ（三十代前半）は、前職についていたころ、パーティーの席で「お仕事は何を？」と聞かれることに嫌気がさしていた。

優秀な結果を残していても、自分の仕事がしっくりこない。職業を聞かれるたびに、いつも過去の「自分の選択と向き合わされ」ている気がした。そこで、毎週末、マッサージ師の資格検定クラスを受講し、「休暇にはスイスの学校で勉強した」そうだ。

彼女は、「あと千ドル貯めたら会社を辞めよう、と自分に言い聞かせ続けた」。安定した収入を失うのが怖い。「そして、あと千ドル、あと千ドルと貯め続けた。まるで車輪を回すハムスターだ」

結局、勤めていた会社が倒産して「一時解雇《レイオフ》」を告げられるまで仕事を続けた。マッサージ師になるために計画を立て、努力も怠らず、かなりの貯金もして、失敗したときの代替案もあった。それでも夢への一歩はなかなか踏み出せなかったのだ。

かとおもえば、ひたすら転職をくりかえす「変身中毒者」もいる。

ダイアン・コート（三十四歳）は、コンサルタント業、銀行業、大学での英作文の指導、商標弁護士など多種多様な職業を経験している。

――新しい道に飛び込むときは、今度こそ本命であるようにと祈る――心を高ぶらせ夢中になる――が、一年もたたないうちに、飽き飽きしている自分に気づく。

コートの場合、変化が当たり前で、変化が起きないと「流れがよどむような気分」になるという。

大学卒業後、五年間で六つの仕事についたブロンソンも、「この感覚がわかる」と共感を示す。自分も「変化の達人」だとおもっていたが、やがて「自分だけの何か」を見つけると、退屈しなくなった。

その気持をこんなふうに語っている。

他人の生きかたに憧れたりしなくなる。その日の出来事、いや、一カ月間の出来事にさえ、仕事の好き嫌いを左右されたりはしない。

変化の達人とおもっていたころの著者は、「訴訟コンサルタント」「グリーティングカードのデザイナー」「債券セールスマン」「政党広報紙の編集者」「高校教師」「出版なんでも屋」と転々と職を変えた。最初の職は「イメージと現実」(窓のない部屋、服装に関する厳しい社則など)がちがい、入社翌日からやめたくなった。しかし、奨学金四万二千ドルの返済のためにやめるにやめられなかった。

学生時代に七十一キロあった体重は六十キロまで減った。そのうちグリーティングカードのデザインをはじめ、社内にその製作会社を作る。ようするに仕事中に内職をしていたわけだが、同僚たちは黙認してくれた。退職後、デザインの仕事を本業にしたが、「自由になったとたん、活力は消え失せて」しまい、半年後に会社は倒産する。

その後、紆余曲折を経て、ベストセラー作家になるが、それはきわめて細い道だろう。

この本の中に「優等生の怠け者」という言葉が出てくる。

コートのように名門大学を出て、大手企業に就職するも、満たされた気分が味わえず、転職をくりかえし、「給料のいい仕事を渡り歩く」。彼らは「自分がどこへ向かっているのか、何の手がかりもつかんでいない」

自分が何をしたいのかわからないまま、ひたすら上昇志向を強める。

そんな優等生の怠け者のひとりにたいし、著者は次のように語りかける。


おもしろいことに、実は下降のほうが、本人の力になる。危機から立ち直った人は、前よりも人生のすばらしさを尊び、満喫できる。自分についても理解が深まる。以前はむずかしかった決断が、次々と下せるようになる。

だが、ブロンソンの友人の中には、仕事をやめて「自分探し」をしている人たちを「わがままにもほどがある」と斬り捨てる人もいる。著者は何とか弁護しようと試みるが、「劣勢に終わった」らしい。

——果たして、わがままだろうか？　それとも、ある種の人間には必要なのか？　本当に「自分がわかってくる」ことによって、人生で何をすべきかがわかるのだろうか？——

ブロンソンは、人生の決断をした人々の話を聞いて、こうおもう。

——つまり、問うべきは〝何を〟するかではなく、〝何者に〟なるかだ。どんな信念を掲げ、人生において何がかけがえのない存在となるのか？——

十数年前に読んだとき、この部分に赤線を引いていた。そのころのわたしは仕事をやめるやめないではなく、どうすれば食っていけるようになるのかということが悩みの種だった。夢追いフリーターみたいな（みたいな、というか、まさにその典型だったわけだが）生活をいつまで続けるつもりなのか。今でも雑務に追われていると、何でこんなことをしているのか。自分にはもっとやるべきことがあるのではないかとおもったりする。

しかし、中年期の入り口に立ったあたりから、かならずしも生きることと働くことを一致させなくてもいいとおもうようになってきた。むしろ自分の人生において仕事が占める割合を小さくしたいとすら考えている。

今の仕事を続けたほうがいいのか、やめたほうがいいのか。この本の中にその答えはないかもしれない。著者もふくめて、自分と向き合い、悩み、迷い続けている人たちの言葉があるだけだ。

ちなみに、この本の日本版の担当編集者はわたしの飲み友だちだ（ということが、最近わかった）。友人は転職をくりかえし、現在はフリーランスで編集をしながら書店でアルバイトをしている。

こんど会ったら、仕事をやめて人生がどう変わったか、ちょっと聞いてみたい。

追記・その後、友人はつかだま書房という出版社を作った。

「フォーティーズ・クライシス」の研究

中年は行き詰まる。なぜ行き詰まるのだろうか。

四十代にはいったころから、遊ぶことすら、面倒くさくおもえることが増えた。

無理をすれば、かならずツケがまわってくることは中年の入り口あたりですでに学んだ。お金にも時間にも体力にも限りがある。だから何か新しいことをはじめようとおもったら、別の何かをやめなくてはならない。

まず仕事をして、余った時間に何をするかと考えるようになった。しかし趣味なんてものは、我を忘れるくらいのめりこまないとおもしろくないのである。

わたしは、ミドルエイジ・クライシスを警戒するあまり、万事において慎重になりすぎているのかもしれない。もう一度、中年の危機について勉強し直してみる必要がありそうだ。

バーバラ・シェール著『フォーティーズ・クライシスなんか怖くない!』(香咲弥須子訳、扶桑社、一九九九年)を本棚から取り出した。本書によれば、「フォーティーズ・クライシス」は以下のように定義される。

①40代に入ったとき、誰もが陥る可能性のある感情的危機。②人生の後半期に入り、さまざまな「価値あるもの」を失うのではないか、という危機感。例：ロマンス・若さ・美しさ・無限の可能性・永遠の時間etc…。

中年にさしかかると、未来は「下り坂」とかんじる人が増える。ニューヨーク在住のセラピストでカウンセラーのシェール（一九三五年まれ。本書には年齢は記載されていない）は、フォーティーズ・クライシスは誰もが例外なく陥る危機だという。

そこそこ満足していた人生にたいし、「何かおかしい」という疑念が生じる。ほしいものを手にいれたり、やりたかったことをなしとげたりしても、昔のような興奮はなく、「空虚」におもえる。

現代人の多くは、四十代、五十代をどのように迎えたらいいのかわからなくなった。年のとり方がわからないから、若いころに戻りたくなる。そのことによって「加齢パニック」を引き起こす。そもそも若い時期はいいことばかりだったのか。そんなことはない。

子どもは「ナルシスト」で、人から賞賛されたり、チヤホヤされたりすることに飢えている。

若いころは、そのためにものすごく努力し、多くの時間を費やす。他人の注目を気にしすぎているあいだは、自分の本当にやりたいことがなかなかわからない。

中年期にはそうしたナルシストの時期から抜け出し、「家具職人や銀細工の達人のように、あなたが選んだ仕事に集中することに、大きなしあわせを見出す」ことができるとシェールはいう。

別に身なりに気をつかわず、人目を気にせず、傍若無人にふるまうのではない。地味で退屈とおもっていたことに深い味わいがあることを知る。未来の可能性が絞られることで、ひとつのことに集中しやすくなるという利点もある。

しかし、中年になっても人に認められたいという欲求が衰えず、自分のやるべきことを見つけられない場合もあるだろう。原因はわかっていても解決策が見つからず、ジタバタしてしまう。これも中年の危機の特徴である。

そろそろ落ち着きたいとおもいつつ、そうした状態に慣れていないため、いざ落ち着いてみても、なんとなく停滞感をおぼえる。気力、体力が衰え、さらに親や子どもの心配も生じ、仕事では上司と部下のあいだで板挟みになり、身動きがとれなくなる。老後という未知の不安も意識しはじめる。

こうした中年の危機にたいする心構えとしては、誰にでも起こりうるありふれたこと……くらいに考えておいたほうがいいのかもしれない。

『フォーティーズ・クライシスなんか怖くない!』は十二章構成なのだが、いくつかの章に「エクササイズ」というコーナーがついている。

たとえば、第三章の「Time Limits」と題したエクササイズではこんなふうに問いかける。


あと二年間しか生きられないとわかったら、何をするのをやめますか?

もっと早くに知っていたら人生を変えることができたのに、と思うことに何があるでしょう?


この質問はこれまでの人生を後悔させるためのものではなく、これからの人生を変えるためのものらしい。いくつか解答例をあげているが、著者自身は助言しない。ただ、「タイム・リミット」を自覚させることで、この先、やりたいことや別にやってもやらなくてもどちらでもいいことを考えさせる。

ひとつめの質問に「全部やめたいわ」と答えている人もいる。わたしも「あと二年間」と考えると、仕事をはじめ、倹約や健康を気にする生活をやめたくなる。五年間、十年間、二十年間と期間を変えると、答えも変わってきそうだ。

ふたつめの問いには、「すべては小さな一歩から始まるということを知っているべきだった。大きなことを考えるだけじゃなく、まず小さなゴールを考えろと誰かが言っていてくれたら」という答えがあった。

わたしもこの質問にたいしてはおもったことがたくさんある。ちゃんと寝てから仕事したほうがいいとか、胃腸が弱いなら整腸剤を飲めとか、確定申告の書類の書き方とか……。

ここ数年、新刊古本問わず、中年の危機を扱った翻訳本を手あたりしだいに読んできたが、男性向けの中年本は、たいてい深刻で暗い（心身の不調をテーマにした本が多い）。そういう意味では、『フォーティーズ・クライシスなんか怖くない！』は、とにかく前向きな中年応援本といった趣がある。

女性向けの中年本といえば、スザンナ・クベルカ著『40歳からの魅力』（平井吉夫訳、河出文庫）という本がある。『女は年齢とともに美しくなる』（河出書房新社、一九八三年）の改題作だ。

一九四二年、ナチス・ドイツに併合されていたころのオーストリアに生まれたクベルカは、ウィーンの日刊紙『ディ・プレッセ』の記者だったが、この本の成功を機に、パリで作家生活を送るようになった。クベルカいわく「中年の危機」や「老いのあせり」は誇張されすぎていて、「恐れる根拠はない」。年齢を言い訳にするのは「怠惰の弁解」にすぎない。何歳になっても勉学をはじめることはできるし、自分の人生を変えることもできる。

古いことわざはいう。よいものは時間がかかる、と。とくに、それは人間の場合にあてはまる。

よい年のとり方の指南書かなとおもいつつ頁をめくっていくと、何だかちょっと趣がちがう。著者の祖母は七十六歳のときに二十代の青年と結婚していた（没後、その事実がわかった）。そのことを知って以来、クベルカは、高齢になってから若い夫と結婚した女性に興味をもちはじめる。

七十七歳のイギリス人女性メイ・グッドマンは二十代の義理の孫と結婚。オーストリアの女性歌手グレタ・ケラーが七十二歳で亡くなったとき、夫は二十六歳だった。

著者は「妻が夫よりかなり年上の結婚生活は、うまくいく」といい、その事実は第一次大戦後のヨーロッパでは「常識になっている」と述べている。

信じがたい話であるが、きっとヨーロッパではそうにちがいない。「訳者ノート」によると、「（クベルカは）この数年、十四歳年下の音楽学生の男性と共同生活を営んでいます。まさに本書のテーマを実践しているわけです」とある。

女性は年下の男性と付き合うと、いつまでも若々しくいられると本書は肯定するが、若い女性が好きな中年男性や、年上の既婚男性と付き合っている若い女性には厳しい。年下の女性を好む男性は自信がないだけ、若い愛人女性はやさしさに恵まれない、自分のまわりにいるほとんどのカップルは別れた、というような話が延々と続く。

恋愛や結婚に関する彼女の記述は、独断にすぎるようにもおもえるが、全体を通して読むと、「年をとることはすばらしい」という主張にあふれている。クベルカはさらに、「死んでいく脳細胞」といった医者の説に耳を傾けるなとも助言する。

わかっているのは、四十歳の人の頭脳のほうが二十歳のよりもよく働くし、六十歳のほうが三十歳よりずっとためになる話ができるということだ。

年齢を理由に自己卑下をしてはいけないというアドバイスや、「四十歳で新たな人生を発見」しようというクベルカのメッセージは、一九八〇年代初頭の「若者幻想にとりつかれた世界」に強いインパクトを与え、ベストセラーになったらしい。

今回紹介した二冊は、いずれも年をとることを肯定する内容なのだが、中年の容姿についての意見は両者でかなりちがう。

『フォーティーズ・クライシスなんか怖くない!』は、美しさはそんなに役に立たないという立場だ。「容姿を気にするのはやめて、したいことをしなさい」。むしろ、いつまでも美しさや若々しさを他人と比べるのは精神衛生によくない。

> 中年期、あなたは美術品としての自分の価値がなくなったことに気づきます。外見とほんとうのあなたが、永遠の別れを告げるのです。そしてほんとうのあなたは、内側でさらに豊かに、さらに面白くなり、それは美と違って死に絶える日は決して来ないのです。

いっぽう『40歳からの魅力』では、「自分のことを、美しいとも好ましいとも思わなければ、人からも、そうみなされる」と忠告し、年をとった顔の魅力、そして「内面から発する輝き」を誇るべきだと主張する。

> 家屋や芸術作品の価値が、相手の需要をかきたて、根気強く交渉し、長所を強調することにかかっていることは知っているのに、人もまたたえず自分を売りこまなければならないことを、知らない人がたくさんいる。敗者をほしがるものはいない。

ふたりとも中年の容姿を「美術品」「芸術作品」にたとえているが、前者はそういう世界からおりること、後者は高く売りこむことをすすめる。

このふたつの流派のちがいは、今の日本のアラフォー向けの女性ファッション誌にも見てとれる。ナチュラル派か、美魔女か。年齢を受け入れるべきか、それとも抗うべきか。どちらが正しくてどちらがまちがっているという話ではないだろう。

今のわたしは、楽になりたい気持と抗いたい気持とが混在し、決めかねている状態だ。いちおう、おりる方向を目指しているのだが、そうすると老化が加速してしまうのではないかという不安もある。

やっぱり、年をとることはむずかしい。

「青春崇拝」と年相応

アン・W・サイモン著『中年の未来学——青春崇拝の時代は終った』（武田勝彦・市山研訳、潮文社）は一九七〇年に刊行された。原題は「THE NEW YEARS: A New Middle Age」で、一九六七年刊。

サイモンは一九一四年生まれ。社会事業家、ジャーナリストとして活躍し、一九九六年、八十二歳で亡くなっている。

わたしはこの本の存在を筒井康隆の小説で知った。『家族八景』（新潮文庫、単行本は一九七二年刊）の巻末に、「『青春讃歌』『水蜜桃《すいみつとう》』中《ママ》『中年の未来学』（潮文社版）を参考にさせていただきました。筆者」と記されている。昔、読んだときは気づかなかった。雑誌の初出が一九七〇〜七一年ということを考えると、筒井康隆は、『中年の未来学』の邦訳が出て、すぐ読んだのではないかとおもわれる。

『家族八景』は、『七瀬ふたたび』『エディプスの恋人』とあわせた「七瀬三部作（七瀬シリーズ)」の一作目で何度かドラマ化されている(最近では二〇一二年に木南晴夏《きなみはるか》主演のテレビドラマが放映された)。

筒井康隆著『創作の極意と掟』(講談社文庫、単行本は二〇一四年刊)によると、『家族八景』は、ジェイムズ・ジョイスやヴァージニア・ウルフなどが用いていた「意識の流れ」という手法を取り入れて書こうとしたらしい。ひさしぶりに『家族八景』を手にとったのはそのことを確認しようとおもったからなのだが、読み進めていくうちに、この短篇連作に中年文学の要素があることに気づいた。

『家族八景』は、「無風地帯」「澱《おり》の呪縛」「青春讃歌」「水蜜桃」「紅蓮《ぐれん》菩薩」「芝生は緑」「日曜画家」「亡母渇仰《ぼうぼかつごう》」の八作を収録。人の心を読む力を持つ火田七瀬は住み込みの家政婦として、さまざまな家庭を渡り歩く。高校を卒業したばかりの七瀬は、同じ場所で働き続けると、「精神感応能力者《テレパス》」であることがバレるのではないかと考え、家政婦という職業を選んだ。傍目には、人が羨むような家庭であっても、家政婦(しかもテレパス)の目から見れば、問題だらけである。父の愛人と付き合う息子、異臭を放つ家に暮らす大家族、隣人同士の四角関係……。

「青春讃歌」の七瀬は河原家で働いている。河原家は寿郎と陽子のふたり暮らし。寿郎は役場勤め、主婦の陽子はA級ライセンスを持っていて、象牙色のスポーツ・カーを乗りまわし、都心で買い物をしては、しょっちゅう若い男友だちと遊んでいる。奔放な陽子は、自分が年をとり、衰えていくこと、年下の男性に相手にされなくなることを不安におもっている。寿郎は、いつまでも若者ぶる妻を不満におもう。「奥様って、とてもお綺麗ですわね」という七瀬にたいし、寿郎は「あれは中年の女性の美しさじゃない」と異を唱える。テレパスの能力を持つ七瀬は、寿郎の心の声を聞く。

若者のための商品、若者のための娯楽、若者のための文化しか認められないこの現代という時代では、中年の価値はひきずりおろされ、中年になった人間は余計者のような気分を味わわされ、若者は歳をとるのをいやがるようになる。

寿郎は「若さへの従属」を否定し、妻に年相応のふるまいを求める。

『中年の未来学』にも「青春讃歌」と題した章がある。この章でサイモンは、中年の価値についての次のように述べている。

若さを存在の軸とすることは人生の残りの価値を下げ、人生全体を見ることを不可能にする。というのは、年をとった人々は生きる目的を失い、若い人々は年をとることを忌避す

るようになるからである。

化粧品の広告は、いくつになっても小娘のように見られたいという欲望を刺激する。以前と比べると白髪を染める男性も増えた。「白髪はもはや重役のしるしではなく、老年を意味するようになって来ました」。そして、「現在中年の人はほとんど、青春の権利を喪失した不安に襲われている」。そのことが中年の「青春崇拝」につながっている……。

自分の妻が若い女性の流行を追うように、男性は中年になっても、老年になってまでも最新型のスポーツ・カーを買うのである。

若者に人気の車に乗る人は、最新の車を乗りこなすことで、若く見られたいという願望がある。だが、運転技術は年とともに低下する。多くのドライバーはその現実をなかなか受け入れることができない。

筒井康隆が陽子をスポーツ・カーを乗りまわす女性に設定したのは、『中年の未来学』の影響だろう。いつまでも若くあろうとする陽子の悲劇は『中年の未来学』の中でも暗示されている。

いっぽう「水蜜桃」は、戦争前からの古い住宅地に暮らす桐生家の話である。

桐生家の主人・勝美は鋼管を製造する会社に勤めていた。ところが、六十歳の定年制が五十五歳に切り替わり、予定より五年早く退職する。老人というにはまだ早い、社会における居場所を失ってしまった男の悲哀。何もすることがなく、家の中をうろつきまわる勝美は、妻の照子や同居している長男夫婦から疎ましくおもわれている。桐生家にはほかにも高校三年生の次男、そして長男夫婦の息子（勝美にとっては孫）もいる。

家族の誰からも尊敬されていない勝美は暇を持て余し、息子の妻にエロティックな妄想を抱く。そのおもいはやがて七瀬に向けられることに……。

小説では勝美が読んだ、老人問題を特集する記事にあった（とされる）詩を引用している。

おれは年をとって、ふけてきた。
ズボンのすそをまくってはこう。
うしろで髪をわけようか。
桃を食ってみようか。
白いフランネルのズボンをはいて、海岸を歩いてみよう。
おれは人魚がたがいに歌いあうのを聞いた。

――人魚たちは、おれに、歌いかけているのではあるまい。――

勝美はこの詩の中の「桃」という言葉に反応し、七瀬に「水蜜桃」のイメージをあてはめる。この詩は、『中年の未来学』にも一字一句違わず出てくる。ちなみに、これはイギリスの詩人T・S・エリオットの「J・アルフレッド・プルーフロックの恋歌」の一節である。『荒地』(岩崎宗治訳、岩波文庫)の「訳注」では、「小心なプルーフロックは些細なことを大袈裟に考えて逡巡していて、『ズボンの裾を折り曲げ』て海岸を歩くだけ。裸になって人魚の『海』に入る勇気はない」と解説している。

サイモンはこの詩について、「年をとることに対する総《すべ》ての恐怖」を喚起すると述べているのだが、中年および老年の心境を綴った詩かどうかは意見が分かれるかもしれない。「J・アルフレッド・プルーフロックの恋歌」は一九一一年に完成(発表は一九一五年)、エリオットが二十二、三歳のときの作品だった。

話がすこし脱線した。

筒井康隆が、この詩と『中年の未来学』の「新しい年月」という章を参考に、「水蜜桃」の勝美という人物を作ったことはまちがいない。

『家族八景』執筆時、筒井康隆は三十代半ばであり、作者自身、中年期を迎ええつつあった。

「青春讃歌」では、いつまでも若々しくあり続けようとする陽子の不安、「水蜜桃」では、定年後の勝美の空虚さを描く。

いっぽう『中年の未来学』は、年をとることの負の部分ばかりをとりあげているわけではない。「収穫期の心」という章では、青年期から中年期に生じる変化を考察している。

いわく、年をとると「はげしい肉体活動」への興味が減少したり、娯楽から教養の分野に関心が移ったりする（読書にかんしても、「空想的な読み物」からノンフィクションに移行する人が多い）。ほかにも「多くの知人を得るよりも少数の親しい友人の方を好むようになる」という傾向も見られる。そして、「自然に対する愛着」が増す。

おもいあたるというか、そのとおりだ。

わたしも小説よりノンフィクションを読むことが増えたし、大人になってからはまったくやってこなかった釣りがしたいとおもうようになった。実行に移すかどうかは別にして、四十代になって、田舎暮らしや農業のことも気になりはじめた。もっともこうした心境の変化と同じくらい、何か新しいことをはじめることを億劫におもう気持もある。

――人は、年をとるにつれて、生物が成長し繁茂するのを見たくなる気持に駆られ、小鳥、草花、魚を親しく知りたいと思うようになる。ある心理学者は、それは永遠の豊作への願い――

であり、自分の人生が残り少なくなるほど、進行中の過程の近くにいたいという本能が高まるものであると説明している。

サイモンは、若さの追求よりも中年ならではの「可能力」を探究したほうがよいと提言する。将来、年をとった男女の力が認識されるようになれば、青春崇拝は「有害な一時的な狂気として、歴史の中に埋没していってしまうだろう」と。

残念ながら、二一世紀になった今でも青春崇拝による混乱は根強く残っている。むしろアンチエイジング思想は、『中年の未来学』が刊行されたころより、はるかに浸透しているといっていい。

そもそも中年における年相応というのがさっぱりわからない。年相応がいいものかどうかもわからない。

「青春讃歌」の七瀬は、年相応に固執する寿郎の内心を、「青春を失いつつある人間のけんめいの開きなおり」と否定する。七瀬は、(サイモンの主張とも重なる)寿郎の考え方にまったく共感できない。

『中年の未来学』と「青春讃歌」を読むと、四十数年前の中年も今の中年もそれほど変わらないようにおもえる。いつまでも若々しくありたい。でも、若くあり続けようとするのはしんどい。

おそらく未来の中年も、青春崇拝と年相応とのあいだで揺れ続けるのではないか。一見、落ち着いた雰囲気の成熟した中年だって、その心の中はドロドロかもしれないし……。

「ガンダム世代」、中年になる

中年男が三人集まれば、ガンダム談義に花が咲く。

テレビアニメ『機動戦士ガンダム』の放映がはじまったのは一九七九年四月。この第一作目は、ファンのあいだで「ファーストガンダム（ファースト）」と呼ばれる。

当時、わたしは小学四年生。何度か見逃した回もあったけど、ほぼリアルタイムで観ていた。『宇宙戦艦ヤマト』（一九七四年）もそうだが、『ガンダム』も初回放映のときは視聴率が低く、全五十二話の予定が全四十三話に短縮。とはいえ『ガンダム』は、最終回放映から一ヶ月ちょっとで再放送がはじまっている。その後、「ガンプラ（ガンダムのプラモデル）」の発売や、一九八一～八二年の劇場版（三部作）公開によって、社会現象といえるようなブームを巻き起こした。

わたしの地元の三重の小学校でもガンダムごっこが繰り広げられ、ザクとかグフとかモビルスーツ（人型ロボット）の名前が飛び交っていた。ガンダムごっこは、ちゃんばらみたいなかんじで、傘やモノサシ、縦笛などを武器に見立て、モビルスーツ同士の名勝負を再現する遊びだ。

中でもプールの時間の水中戦が盛り上がった。

というわけで、まずは『ガンダム』がどんな話かかいつまんで紹介しよう。

宇宙世紀〇〇七九年、地球連邦政府(連邦軍)とその支配を受けているスペースコロニー〃サイド3〃のジオン公国(ジオン軍)間の戦争(一年戦争)がはじまる。

主人公アムロ・レイは機械いじりが好きな十五歳の少年。ある日、アムロたちの暮らすスペースコロニー〃サイド7〃が、ジオン軍のモビルスーツ(ザク)に襲われる。避難したアムロは、途中、父を探しているときに、ガンダムの操縦マニュアルを見つける。

やがてアムロはガンダムに搭乗し、ザクを倒すのだが、その爆発でスペースコロニーの外壁に穴が開き、アムロの父は宇宙に投げ出されてしまう(アムロはそのことを知らない)。

かなり端折ったけど、これが第一話。

アムロはこうして連邦軍のパイロットになるが、戦いたくないと駄々をこねたり、新米の兵士がよくかかる病気(心の病)になったりする。

いっぽうジオン軍は敵として描かれているが、地球連邦による支配からの独立という大義名分がある。ジオン軍にはアムロの好敵手のシャア・アズナブル、部下おもいのランバ・ラル、元軍人だが、脱走して島で農業をしながら孤児の世話をしているククルス・ドアンら魅力あふれる登場人物も多い。

シャア・アズナブルは「赤い彗星」の異名を持ち、特別仕様の赤いモビルスーツに乗っている。シャアの父はかつてジオン公国のリーダーのような存在だったが、志半ばで倒れてしまう（暗殺説あり）。ジオン公国はザビ家が継承し、独裁体制を築くが、シャアは連邦軍と戦いつつ、ザビ家への復讐を秘かに狙っている。その妹セイラ・マスは素性を隠し、アムロたちと同じホワイトベース（連邦軍の宇宙戦艦）に避難するも、いつしかホワイトベースは民間人も戦闘に参加せざるをえない状況に陥る……。

子どもながらに『ガンダム』は、正義の味方と悪の集団が戦う従来のロボットアニメやヒーローアニメとはまったくちがうとおもった。

それから四十年ちかく、今なお『ガンダム』の人気は衰えを知らない。二〇一五年の下半期だけでも雑誌の『ガンダム』特集がいくつかあった。

『AERA』（七月二十七日号）は、「社会を変えるガンダム世代――あのアニメがあったから、今の自分がある」「あの時、ガンダムを見た子どもたちは、40代から50代前半。社会を動かす中心にいる、彼らが目指すものとは何か」と、高齢化社会を見据えて、力仕事を助けるパワーアシストスーツを開発する技術者をはじめ、「ガンダム世代」の最前線をレポートしている。

『日経ビジネス』（十月十二日号）も、「ガンダム日本再生計画――モノ作り、カイゼンから経営まで」という特集を組んでいる。

同誌は、「世界屈指の超長寿命コンテンツ」の経済効果（二〇一四年度のガンダムビジネスの売上高は七百六十七億円）に注目。『ガンダム』はアニメのシリーズだけでなく、映画やオリジナルビデオ作品、漫画（パロディ4コマ、アムロ以外のキャラクターを主人公にしたスピンオフ作品など）、小説、ゲームほか、タイアップ商品もふくめた「ガンダム市場」を形成している。

さらに二〇二〇年に「ガンダム特区」を設立しようという議論もあったようだ。「法律の制限なく」、二足歩行ロボットを使える場所を作り、「実物大のモビルスーツ」を動かすという計画らしい。『ガンダム』のプラモデルによってニッパーなど各種工具も進化、「海外での親日感情」にも貢献しているという。

また、『サンデー毎日』（十一月一日号）の特集「『人間関係』に迷ったら『ガンダム』に学べ」は、『ガンダム』に登場する多彩なキャラクターから「人間関係の本質」を見つめようという表紙&グラビア連動企画だ。「3分でわかる『ガンダム世界史』」は、「正史」だけでなく、「外伝・裏面史」をふくめた一五〇年分を年表化。『ガンダム』における「宇宙世紀の歴史」には、「実社会と同様に、人と人がよりよい絆を結ぶために学ぶべき、多くの教訓が秘められている」と論じる。

近年、ビジネス書の分野にも『ガンダム』は進出している。

鈴木貴博著『「ワンピース世代」の反乱、「ガンダム世代」の憂鬱』（朝日新聞出版、二〇一一年）は、『週刊少年ジャンプ』連載の人気漫画『ONE PIECE』世代と『ガンダム』世代の対立を分析している。この本では、著者自身もふくめ、少年期から青年期にかけて最初の『ガンダム』を目撃した世代を「ガンダム世代（1960〜69年生まれ）」と定義し、その特徴を「組織は理不尽なものと理解しつつも、そこに所属することをよしとしている」とする。

物語全体では正義と悪に塗り分けられた陣営も、その細部では正義の組織に悪が存在し、悪の組織に高潔な人物がいる。勧善懲悪のドラマにはない難しい深みがガンダム世界を形作っている。

いっぽう『ONE PIECE』の主人公である海賊に憧れるルフィは、仲間たちと「麦わらの一味」を作るが、そこには上下関係や「組織の論理」がない。だから「ワンピース世代（1978〜88年生まれ）」は、組織よりも自由や仲間を優先する傾向がある。

そのためガンダム世代の上司が、自由気ままなワンピース世代の若者を型にはめようとしても、反発をまねくだけでうまくいかない。昔から上司と部下の関係はそういうものかもしれないが、若い人に仕事を教えたり、やる気を出させることは、自分の仕事をまっとうするよりはるかにむずかしい。

わたしはこの本を読んで、同世代が今、後進の指導に悩んでいることを知った。

常見陽平著『僕たちはガンダムのジムである』(ヴィレッジブックス、二〇一二年)も刊行時、話題になった本だ。

「ジム」は『ガンダム』に登場する連邦軍の量産型モビルスーツのこと。ガンダムと比べると、絵が簡略化されていて、いかにも安っぽく弱そう。アニメの中でほとんど〝やられ役〟としての印象しかない(ガンダムごっこでもジム役はつらい)。

しかし著者は、「僕たちはガンダムのジムである」と高らかに宣言する。

一%の「すごい人=ガンダム」ではなく、九九%の「その他大勢=ジム」——

ではジムは、ダメなのか? 否。世の中はデキる人、意識の高い人で動いているのではない。普通の人で動いているのである。自分はその他大勢とは違うと思っている人も小さな1人でしかない。

一握りのエリートを目指し、終わりなきキャリアアップ幻想に踊らされる。その結果、ストレスをためこみ、心身を病む人も少なくない。著者はまた、組織に属さないノマドワーカーや

フリーランスにたいしても、「彼らは果たして自由に働き、幸せになれたのだろうか」と疑問を呈する。

その他大勢の平凡な「ジム型人材」であるならば、どのように生きていけばいいのか。ジムにできることとは何か。

ガンダムより性能の劣るジム。それゆえ、だったらどうするかを考えなくてはならない。ジムにはジムの誇りがある。

そして、弱いジムだからこそ、自分の強みを知る必要がある。

量産型のジムでも、パイロットとしての能力を上げ、機体の性能アップをし、環境を選び、戦略・戦術を工夫し、戦闘をやり切れば、生き残ることができるはずだ。

ぜひ研究していただきたいのは、会社の中で細く長く働いていて、周りから信頼されている人とはどんな人かということだ。彼らは目立たなくても、なくてはならない仕事をしている。

組織の中で自分の役割を見いだし、自分にできないことは誰かにやってもらうこともジムの生きる道だろう。

意表をついたタイトルの本だが、〝弱者の戦略〟を説いたキャリア指南書といえる。

今回、ひさしぶりに『ガンダム』のアニメを見たのだけど、常に人手の足りないホワイトベースは、たしかに中小企業っぽいとおもった。疲れているクルーを見かけたら「代わりましょうか」と交代する。自分の担当している仕事以外にもやることがいっぱいある。できなくても「了解です！」と引き受けなくては生き延びることができない。

ちなみに『ガンダム』のメカニカルデザインを担当した大河原邦男がジオン軍のモビルスーツ（ザク）をデザインするさい、背広をイメージしたというのは有名な話だ。機動戦士＝企業戦士という連想はあながちまちがってはいない。

ガンダム中年にとっては、主要なキャラクターより、反面教師となるキャラクターから学ぶことも多いだろう。

たとえば、ジオン軍が攻撃を仕掛けてくる危険を知らされても、連邦軍のワッケイン司令は、「君に戦略を云々する資格はない」と一顧だにしない。生きるか死ぬかの戦闘中、現場のことをまったくわからず、何の役にも立たないのに「軍規が、軍規が」といって、イライラするか威張ってばかりいるリード中尉という上官も出てくる。まあ、彼らは彼らで内心忸怩《じくじ》たるおもいを抱えていたりするんですけどね。

ぜひとも、ガンダム中年のみなさまには、部下の仕事を応援するよき上司になってもらいたいものです。

若い人からすれば、いい年して「ガンダム、ガンダム」とはしゃいでいる上司そのものが、困った存在かもしれませんが……。

水木しげる、長寿と幸福の秘訣

二〇一五年十一月三十日、水木しげるが亡くなった。享年九十三。

雑誌に掲載された水木しげるの追悼記事を片っ端から読んだ。妖怪漫画の第一人者であり、

『総員玉砕せよ!』（講談社、一九七三年）など、数々の戦記漫画を残した漫画家と紹介している記事が多かった。

水木しげるは、作品以上に本人がおもしろい。「水木教」「水木原理主義者」といった言葉を生み出すほど熱心なファンもいた。

一九二二年三月八日、武良《むら》茂（水木しげるの本名）生誕。出生地は大阪府西成郡（現・大阪市住吉区）だが、生まれてすぐ父の故郷の鳥取県境港市（当時は西伯郡境町）に移る。

自伝を読むと、水木しげるには働かずに遊んでいる親戚がたくさんいた。水木しげるの父も、「昔から、働いている姿はあまり見たことがない。のんびり談笑したり、静養と称する休息を好んでいた」らしい（『ねぼけ人生』ちくま文庫、単行本は一九八二年刊）。

そんな父の姿を見て、水木しげるは「これが長生きの秘訣なのかもしれない」と綴っている。貸本漫画家時代の水木しげるの一日はこんなかんじだった。昼ごろ起き、「朝食兼昼食」をすませる。それからコーヒーを二杯飲む。一服しながら新聞を読み、机に向かう。仕事をはじめる前に耳クソと鼻クソを「心ゆくまで」とる。アイデアが出ないときは散歩に出かける。そのついでに古本屋で資料を探し、喫茶店に入る。

四十代のはじめごろまで、質屋と縁が切れなかった。出版社の倒産、原稿料の不払いもしょっちゅうあった。

『ゲゲゲの家計簿』(上下巻、小学館、二〇一二〜一三年)は、貧乏時代を回想したコミックエッセイだが、実弟の武良幸夫氏のインタビュー、夫婦の対談なども収録している。

亭主「貸本漫画家の中には、努力しても食えずに死んでいった人が大勢いたからね。でも、水木サンは絵が好きだったから、やめようとは思わなかったね。やっぱり、『自分には才能がある!』とわかっとったんです。ワッハッハ!」

女房「あなたはいつもそうやって、ずっしり、どっしり構えてますよねえ。『ついて来い』なんて言わないけど、この人についていけば大丈夫だと思えました」

貧乏でも水木家の雰囲気は明るかった。だから「惨めな気持ちには微塵もなりませんでした」という妻にたいし、水木しげるは「戦争でねえ、危ないところにしょっちゅういたから。それと比べれば、日本に帰ったら、もう安心なんです。喜びの世界ですよ」という。

水木しげるは「睡眠至上主義者」を自称していた。学校には二限目から登校、軍隊でも遅刻してばかりで、いつも殴られていた。

どこにいても「自分のやりたいことしかしない」という「水木さんのルール」を実践するが、四十代以降、売れっ子の漫画家になってからはずっと働きづめで「好きなだけ眠らずして何が幸福か！」と机にしがみつく日々に疑問を抱いたこともあった。ただし、梅原猛との対談では、「徹夜ってのは一生涯に1、2回しかしなかったですね」と語っている（『水木しげる――鬼太郎、戦争、そして人生』新潮社とんぼの本、二〇一五年）。水木しげるの健康の秘訣は寝ることだった。担当編集者にも「徹夜はやめなさい」とよく注意していたらしい。

「ぬっぺふほふ」（『水木しげるのニッポン幸福哀歌《エレジー》』角川文庫、二〇〇六年）は、売れっ子時代の水木しげるの生活を彷彿とさせる作品だ。

交通事故で頭を打ったことで、自分をふくめ人間が見えなくなったかわりに、手の形をした妖怪が見えるようになった貧乏な漫画家が妖怪に毎月一ダースの手袋をプレゼントすると約束し、目の病気を治してもらう。ところが、元通りの生活が送れるようになると、妖怪のことを忘れてしまう。すると、手の上にもうひとつ手が乗っているような奇妙な感覚をおぼえ、自分では考えつかないような漫画を勝手に描きはじめる。その作品が人気になり、仕事が殺到し、アシスタントも増え、休むに休めなくなって……。

一九六九年、四十八歳のときに発表された漫画だが、その前年の六八年には『ゲゲゲの鬼太郎』がアニメ化（第一シリーズ）、『週刊少年サンデー』で「河童の三平」の連載がはじまるなど、水木しげるが多忙をきわめていた時期とも重なる。

「ぬっぺふほふ」を描いた年には、「一番病」（『畏悦録《いえつろく》――水木しげるの世界』角川文庫、角川ホラー文庫版は一九九四年刊）という何でも一番にならないと気がすまない江戸の棺桶職人を描いた漫画も発表している。「一番病」にとりつかれ、倒れるまで棺桶を作り続ける男は、妻に「四十にもなったらからだのこと考えなくっちゃあ」といわれても、「お前は黙っとれというのに」と夜通し働くことをやめない。この作品は手塚治虫がモデルという説もあるのだが、真偽は定かではない。

水木しげるは戦争中に過ごした南方の島の生活に憧れていた。気候が温暖で食べ物に困らず、働かなくても生きていける。寝たいだけ寝ていても誰にも怒られない。堺港の親戚の姿を重ねていたのかもしれない。

現実は、文字通り腕一本でアシスタントや一族の生活を支えなくてはならない日々を送っていた。

死ぬ時は、仕事なんかせずに、ゆっくり死ぬのが最上だということは猫でも知っていることで、ゆったり死んだほうがいいと思うが、どうしたわけか、日本人は畳の上で死なないとか、とかく短い一生を働き蜂みたいに、それこそ狂い死するほど働くのが美徳みたいにいわれているが、これも分らない（「楽園学入門――わたしの仕事と生活」『水木しげるのカランコロン』作品社、一九九五年）。

自分で楽園をつくるため、金を得る（もちろん巨万の富なんて得られないが）。だが、そのために一生、死ぬほどの思いで働いたのでは、いつ楽園を味わうことができるのだろうか（「〝楽園〟はいずこに」『なまけものになりたい』河出文庫、二〇〇三年）。

日本で、ワーク・ライフ・バランスという言葉が広まるはるか昔から、水木しげるはこの問題について考えていた。そういう意味でも、水木しげるのエッセイは働きざかりの中年におすすめだ。

ところで、『ニッポン幸福哀歌』に「島」という作品がある。「エベスさん」と「大黒さん」

が私財を投げ打って、人間の欲望がすべて満たされる「幸福の島」を作る。そこに「公正なくじびき」で選ばれた百人が入島を許される。はじめのうちはみんな満足していたが、一年、二年と経つうちに退屈し、島を去っていく。島に暮らす中年サラリーマンの山田君（眼鏡に出っ歯のおなじみの水木キャラ）の友人はこんな感想を語る。

人間には適度の貧乏と適度の危険と不安が必要なものらしい
それを取り去ったからといって……別に幸福になるものでもない

『なまけものになりたい』の「君、富み給うことなかれ」というエッセイでも「適度の貧乏」の効用を説いている。

不肖、水木しげるも「ふくふく饅頭《まんじゅう》」の一つも食えないといった長年の貧乏生活から、なんとか抜け出したいという一心から「鬼太郎」「悪魔くん」「河童の三平」と書き続けたのでアル。

貧乏なくして、それはなかった、といえるだろう。

ちなみに「ふくふく饅頭」は水木しげるの大好物で、貸本漫画家時代、原稿料でそれを買うのが自分へのご褒美だった。つまり、適度の貧乏なら饅頭ひとつで幸せになれる。幸せになるには、かならずしも成功してお金持ちになる必要はない。

一九九一年、紫綬褒章を授与された水木しげるは、会員が自分ひとりの「幸福観察学会」を設立、それからしばらくして「幸福の七カ条」を唱える。

第一条　成功や栄誉や勝ち負けを目的に、ことを行ってはいけない。
第二条　しないではいられないことをし続けなさい。
第三条　他人との比較ではない、あくまで自分の楽しさを追求すべし。
第四条　好きの力を信じる。
第五条　才能と収入は別、努力は人を裏切ると心得よ。
第六条　なまけ者になりなさい。
第七条　目に見えない世界を信じる（『水木サンの幸福論』角川文庫、日本経済新聞社版は二〇〇四年刊）。

好きなことに没頭すること。ときに怠けること。長年、幸せそうに生きている人を観察し続

けた水木しげるは、「古今東西の奇人変人を研究した結果、彼らには幸福な人が多い」ことに気づく。いっぽう、水木しげるは次のような忠告もしている。

ただし、若いときはなまけてはだめです！　何度も言いますが、好きな道なんだから。でも、中年をすぎたら、愉快になまけるクセをつけるべきです。

たまに誤解している人もいるのだが（わたしはしていた）、水木しげる本人は怠け者ではなかった。酒も飲まない（甘いものが好きだった）。

水木しげる、赤塚不二夫、手塚治虫の娘たちが語り合う『ゲゲゲの娘、レレレの娘、らららの娘』（水木悦子ほか著、文春文庫、単行本は二〇一〇年刊）によると、手塚治虫が原稿をよく落としていたという話にたいし、水木しげるの次女・悦子は、「うちは落としたこと1回もないそうです。締め切りのときには完成して渡してる。それは心がけてたみたいですよ」と語っている。

貧乏時代に苦労したから、幸福な楽園を夢見ながらも、いつも「崖っぷち」の気持で仕事をしていた。

水木しげるの仕事は九十代になっても途切れない。

最晩年の『わたしの日々』（小学館、二〇一五年）というコミックエッセイの第一話は、もうすぐ九十二歳になる「水木サン」のもとに連載の話が舞い込むところからはじまる。「断れッ!」と鼻息荒く叫ぶ水木サン。結局、その仕事を引き受けてしまうのだが……。

水木しげるは、そんな自分の生涯を「屁のような人生」だったという。

――――

人生になんらかの絶対的な価値を求めるのは、心が弱いからです。

瞬時に消えゆく屁のようなものに価値を見いだし、満足するべきなんです。

――――

中年になると、常に頭の片隅、ときに頭の中枢に、何のために生きているのか、これまでの人生に意味はあるのかという疑問が浮かんだり消えたりする。

そんなとき、わたしは「屁のような人生」という言葉をおもいだす。

「人生になんらかの絶対的な価値を求める」必要はない。幸せになる秘訣は、睡眠と適度の貧乏にあり。わたしはそのことを水木しげるのエッセイから学んだ。自慢ではないが、かれこれ四半世紀以上、実践している。

「中年シングル」の課題

「子ども・子育て白書」によると、二〇一〇年の五十歳時の未婚率は、男性が約二〇・一四％、女性が約一〇・六一％――いずれも過去最高の数字らしい（二〇一五年は男性二三・四％、女性一四・一％）。

二〇三〇年には男性の生涯未婚率が約二八％になるという予想もある。

今、三十代後半の男性が五十代になるころには、三人にひとりがずっと独身。さらに三組に一組のカップルが離婚しているというデータを考えると、日本は着実に〝おひとりさま大国〟の道を歩んでいるといえる。

わたしは三十二歳で結婚した。子どもはいない。

都内在住の同世代の友人を見渡してみると、大半が独身である。その割合は二〇三〇年に予想される未婚率をはるかに上回っていると断言できる。

というわけで、今回は「中年シングル」について考えてみたい。

津野海太郎著『歩くひとりもの』（ちくま文庫）と関川夏央著『中年シングル生活』（講談社文庫）はいずれも、独身中年の心情や生活をやや自嘲気味かつ軽妙に綴ったエッセイ集で、わたしが中年本に傾倒するきっかけになった本である。新幹線で二、三時間の旅行に出かけるときに持っていくことも多い。何度読んでも飽きないし、発見がある。

『歩くひとりもの』の単行本（思想の科学社）は一九九三年（連載は九一～九二年）、『中年シングル生活』は九七年（連載は九三～九六年）に刊行――どちらも文庫版のほうがおすすめである。とくに『歩くひとりもの』は、ぜったいに文庫で読んだほうがいい。その理由は読めばわかる。巻末には、関川夏央、山口文憲との鼎談も収録されている。

津野海太郎は一九三八年、関川夏央は四九年生まれ。『歩くひとりもの』は五十三歳から、『中年シングル生活』は四十三歳から書きはじめられた。

わたしは『中年シングル生活』を読んで、『歩くひとりもの』を知った。『中年シングル生活』には『歩くひとりもの』のエピソードがよく出てくるのだ。

ひとりものは病気に鈍感だ、客観的な評価をしてくれる共棲者《きょうせいしゃ》を持たず、ゆえに肉体の危機に気づかない、気づくのが遅れる、と津野海太郎さんは『歩くひとりもの』のなかで

いっている（「I　生活のない暮らし」）。

『歩くひとりもの』には、痛風を捻挫《ねんざ》と勘違いし、医者に行かず、痛みに耐え続ける話が出てくる。ひとり暮らしが長くなると、ひとりで我慢することに慣れてくる。まわりに何をいわれても自分の理屈で乗りきろうとしてしまう。津野海太郎は、自分は「痛みにはつよい」「ひとりでなんでもできる」とおもいこんでいた。

痛みにつよいとかなんとかいうよりも、いくらひとりでうなってても、そばに他人という鏡がないから、バカみたいな話で、いまの自分の痛みがいったいどのレベルのものなのかという見きわめがつかないのよ（「わが愚行」）。

津野海太郎は、「ひとりものの部屋には他人という反射板がない」という。そのため、何事も自己判断で解決しようとする傾向があるそうだ。

あるテレビ番組で大江健三郎が「あなたにとっての家庭とは？」という質問に、「根拠地」と答えている。それを観た津野海太郎は、「じゃあ、家庭をもたない私にとっての根拠地はなんだろうか」と考える。

――私にとっての根拠地。しいていえば、それはコーヒー屋、飲み屋、バーのたぐいなのではあるまいか（「おだやかな根拠地」）。――

いっぽう関川夏央は、行きつけの店に通い続ける人をいぶかしくおもっていた。ところが、四十歳を過ぎたあたりで、部屋の中でひとり言を呟いたり、ひとり笑いをしている自分に気づく。

――酒場や店はその人にとっての「社会」なのだ。そして彼は、元気でいることを毎日「社会」に見せに行くのだ。――

――『世間』とどうつきあうか、どうやって社会性を保つかは、ひとりものの課題である（「I　生活のない暮らし」）。――

行きつけの店は「社会」であり、店主や常連客とのつながりは「かりそめの家族」のようなもので、はからずも「他人という鏡」と向き合う場所にもなる。

とくに中年フリーランスにとって、そういう場所があることは大切かもしれない。

津野海太郎も関川夏央も、中年シングル男性は、健康だけでなく、髪形や服装にも無頓着になりやすいと指摘する。自分が若者だったころのセンスのまま時間が止まってしまう。

中年になると、健康や服装、その他もろもろの無頓着を咎《とが》められる機会が減る。わたしもよっぽどのことがないかぎり、同世代の四十歳すぎのおっさんを注意しようとおもわない。その年齢になるまで、そうやって生きてきたのだ。何をいっても、余計なお世話になりかねない。自分に照らしてみても、二言三言の注意で改められるのであれば、とっくにそうしている。中年になったら自分で気づくしかない。

わたしが中年に関する本を読み続けているのも、自分の考え方の偏り、ズレみたいなものを把握したいという気持があるからだ。

世間は、中年シングルにたいし、「なぜ結婚しないの?」と無思慮な質問をする。わたしも何度となく友人にそういってしまったことがある。同居中の若いカップルにも、「結婚したら?」といってしまう。軽い気持で。

津野海太郎は、「なぜ結婚しないの?」というやりとりをするたびに、ちょっとイライラするという。

——もちろん相手はちょっとした好奇心から、あるいは、たんなる挨拶のつもりでそう質問し——

てみただけなのである。それはわかっているのだけれども、この質問にはやはりそれなりの毒気がふくまれているのだ（「なぜ結婚しないの？」）。

「それなりの毒気」とは何か？

この質問には、「結婚するのがあたりまえであり、正常」（海老坂武著『シングル・ライフ——女と男の解放学』（中公文庫、単行本は一九八六年刊）という暗黙の前提がある。質問者にはそんな意識がまったくなかったとしても、聞かれたほうはそうかんじる。

わたしも「なぜ子どもを作らないの？」といわれると、「いや、まあその」と口ごもってしまう。

結婚や出産に関する質問がデリケートであることは、今なお世間に浸透していない。

関川夏央に「中年シングルの『忘却力』」というエッセイがある。初出は一九九七年七月、『中年シングル生活』の刊行から三ヶ月後に書かれたものだ。

私は四十七歳でシングルである。むかしと違い、哀れむ人はいない。自由でいいですなあ、などという。主義なんですか、ご立派ですねえ、などともいう。

ひとりで生きるのはさびしい。ふたりで暮らすのは苦しい。どちらかといえば、さびし

いほうがまだがまんできそうである。（略）
要するに、ひとり暮らしは主義でも信念でもなく、まして「自由」のためなどではない、ただの逃避である（『昭和時代回想』集英社文庫、日本放送出版協会版は一九九九年刊）。

中年シングルには「なぜ結婚しないの？」という質問だけでなく、「自由でいいですなあ」「主義なんですか」というような言葉も投げかけられる。「独身主義」「独身主義者」という言葉はあるが、「結婚主義」「結婚主義者」というような言い回しはあまり聞かない。主義、ポリシーによって独身を貫いている人もいるのかもしれないが、中年シングルがみなそういうわけではない。

津野海太郎は『歩くひとりもの』で「私は主義ではなく習慣によるひとりものである」と述べている。しかし、「ひとりもの」に関するコラムを書いているうちに「ときおり自分を確信的なひとりもの主義者」のようにかんじることがあるという。そうおもってしまうことが「息ぐるしい」とも。

関川夏央も「ひとり暮らしは信念などではない。ひとり暮らしとは生活の癖にすぎない」と、『中年シングル生活』の「あとがき」で綴っている。

生活のペースはなかなか変えることができない。ひとり暮らしであれば、自分で稼いだ金は自分で使えるし、趣味に耽溺《たんでき》していても文句をいう人はいない。長くひとり暮らしをしている人間は、他人といっしょに暮らすことに窮屈さをおぼえる。

わたしも独身のころは、結婚よりも同居に抵抗があった。ひとりでのんびり過ごす時間がなくなる（かもしれない）ことは恐怖でしかなかった。仕事もあったりなかったりで、自分ひとり食っていくので精一杯だったこともある。

妥協して結婚するくらいなら、今のままでいい。そう考える人がいてもおかしくない。

昔とは比べものにならないくらい、ひとり暮らしは快適になった。反面、結婚して家庭を作ることが幸せという価値観は万人向けのものではなくなっている。

ひとりものはいつも将来が不安だ。

頭と体が丈夫なうちはいい。しかし年をとったらどうするか。国民年金はあてにならない。金がなければ、ひとりでは生きていけない。ひとりでは死ねない（「I　生活のない暮らし」『中年シングル生活』）。

いくら結婚していても死ぬときはひとり。理想的と見えたカップルが最後の最後につまずく場合だってある。だから最初からひとりで生きるほうが正しい、というのではない。ひ

とりで生きざるをえなくなることに脅えながら生きるのがいやだとしたら、まえもってなんらかの手立てを考えておかねばならない（「不意打ち」『歩くひとりもの』）。

津野海太郎は老いに備え、「日常の習慣（家事をこなしたり、いくばくかのさびしさを我慢したりする技術）」を「再編成」すればいいと考えている。

関川夏央は（冗談まじりに）、それぞれの部屋は独立し、緑深い静かな中庭を共有した夢の老人ホームを仲間内で建てることを夢想する。

中年としては終の住み処の問題は避けて通れない。わたしも賃貸住まいの身なので、毎日のようにポストに投函される中古マンションのチラシを見るたびに、買う気はまったくないにもかかわらず、月のローンの支払いが今の家賃より安いのかなどと考えてしまう。かりそめの家族たる近所の飲み屋の常連ともよくそういう話になる。

自分の収入ではどうあがいても希望の物件は買えそうにない。そもそもローンが組めるかどうかすらわからない。

結婚することと家を買うことをいっしょにしてはいけないのかもしれないが、妥協するくらいなら、今のままでいいという心境は似ている気がする。

それぞれのかたち

わたしが四十歳になったのは、二〇〇九年秋。

二十代から三十代後半まで、ずっと不安定な生活を送っていたのだが、四十歳になる手前あたりで毎月の家賃の支払いに困ることがなくなった。将来のことはわからないが、しばらく落ち着けそうだ。漠然とそうおもっていた。

ところが、中年になって自分のことは一段落とおもったとたん、田舎にいる親の老後の問題が浮上してきた。

わたしはひとりっ子で、十九歳のときに上京以来そのまま東京に住み続けている。親は三重にいる。郷里までは新幹線を使っても片道四時間弱かかる。

自分の周囲にも親と離れて暮らしている人は多い。たいてい兄弟姉妹の誰かが親と同居、もしくは近くに住んでいるケースがほとんどだ。

地元に帰っても仕事がない。親を東京に呼ぶ甲斐性もない。そもそも親と同居したくない。

両親が元気なうちはいいのだが、もし病気になったら、どちらかひとりになったら……。

そんなことをおもっているうちに、二〇一六年五月末、父が亡くなった。七十四歳。入院したので見舞いに行くつもりで翌日の新幹線の切符を買ったところ、その日の晩に母から電話で亡くなったことを知らされた。四、五年前から心の準備だけはしていたが、急だった。

それまで書店に行っても、老いや死に関する本は素通りしていた。見て見ぬふり、というか、考えると気が滅入るので考えたくなかったのだ。

友人知人から、何度となく親が亡くなったときの話も聞いていた。銀行の口座が凍結されてたいへんだとか、よくわからない親戚が出てきてもめたとか、そんな話を聞かされてもどこか他人事のようにおもっていた。

……いやはや、他人事ではなかったですよ。困ったし、たいへんでした。事後の手続きのため、三ヶ月くらいのあいだに東京と三重を四往復したのだが、今も父の口座は凍結されたままだ。母、銀行の担当者に激怒。父の死を悲しむどころではない。

父の死から一ヶ月後、郷里の書店で伊藤比呂美著『父の生きる』（光文社文庫、単行本は二〇一四年刊）を買った。


——今から八年前のことです。七十九歳の母が病院で寝たきりになりました。八十二歳の父——

は独居になりました。

一人っ子の私は、カリフォルニアに暮らしています。カリフォルニアには私の家族、子どもたちと夫がいます。


親と離れて暮らすひとりっ子の話である。伊藤比呂美の両親は熊本に暮らしていた。寝たきりになって数年後、母は亡くなり、父が残された。

アメリカと日本の遠距離介護――。伊藤比呂美はそれからもカリフォルニアから熊本に飛行機でしょっちゅう通い、離れているときは一日に何度も電話をかける。

わたしの父は亡くなる五年前に癌の宣告を受けていたのだが、それでもわたしは年に一回帰るか帰らないかだった。電話もしない。手紙も書かない。

だから、『父の生きる』に描かれている父と娘の関係を読んでいると、とてもじゃないが、自分にはこんなことはできないとおもう。

いっぽう伊藤比呂美は、「母の死に対する喪失感というものは不思議なくらい無いのである」とも綴っている。

父の葬儀（家族葬）をすませ、東京に戻ってから、わたしはいつもどおりの仕事に戻った。喪失感――悲しいという気持にはならなかった。目先の仕事に追われて気がまぎれていたのかもしれない。

ただ、以前と比べると、死について考える時間は増えた。

『父の生きる』の中にペコロスと会った話が出てくる。ペコロスは、岡野雄一名義で認知症の母との日々を描いた漫画『ペコロスの母に会いに行く』(角川文庫、西日本新聞社版は二〇一二年刊)や『ボケて幸せな生き方――「ペコロスの母」に学ぶ』(小学館新書、二〇一四年)などの著作がある。『ペコロスの母に会いに行く』は映画や舞台にもなっている(話は変わるが、ペコロスって何だろうとおもってインターネットで調べたら、「小型のタマネギ(プチオニオン)」とあった)。伊藤比呂美によれば、「ペコロスさんが、『自分は母親を施設に入れて通ってるだけだ、これで介護と言えるのか』と言い、私が、『人にはそれぞれ介護のかたちがあるんだ』と力説した」そうである。

介護もそうだし、親の送り方もそれぞれのかたちがあっていい。こうしなければいけないという正しい答えがあるわけではない。わたしは誰かにそういってほしかったし、そうおもいたかった。

親がひとりになる。その親といっしょに暮らす人もいれば、離れて暮らす人もいる。結局、それぞれのかたちで親と付き合うしかない。

ほかにも『父の生きる』に教えられたことはたくさんある。

呂律《ろれつ》がまわらなくなり、後ろ向きな発言が多くなった父にたいし、伊藤比呂美が「おとうさん一人でよくがんばってるもんね」と語りかけると、父は嬉しそうにしたという。

八十九になって、こういう状況で、それでも、よくやってる、がんばってるとほめられ、自分の存在を受け止めてもらうのは、やっぱりこんなにうれしいことなのかとしみじみと考えた。

親をほめたり、励ましたりするのは、照れくさい。うちの場合、親は親で中年になった我が子をいつまでも子ども扱いしようとする。とくに母はそうだ。さすがに「就職しろ」とはいわなくなったが、親との関係性を再構築することも中年の課題だろう。

さらに親との付き合いを通して、老いについて学ぶことも多い。

伊藤比呂美は、父の相撲の話、野球の話、パズルの話に寄りそう。愚痴を聞く。喧嘩もする。一見、他愛もない会話におもえるが、それも一日一日を生きている証だ。もちろん、老いた親の話を聞き続けるのは楽なことではない。

父との会話を書きとめることで、父の愚痴にも耳を傾けられるようになったと思ってい

ましたけど、結局、父は同じ愚痴を、「退屈」と「孤独死」、ときどき「下痢」の話題をくり返すだけです。そしてそれはなんだか暗に責められてるみたいで、聞くのがどんどんつらくなっていきました。

父が亡くなるまで、わたしは母との会話が苦痛でしかなかった。母はわたしの知らない近所の人の話やテレビの話をずっと喋り続ける。多弁かつ毒舌。どんな話をしていても、いつの間にか、ひとり息子への文句になる。先日、帰省したときは、「あんた、相づち、ヘタやなあ」といわれた。

伊藤比呂美は父の愚痴にたいし、「そうかもね」「そうね」と相づちを打つ。それが大切なことはわかっているのだが、わたしはできない。

父の不安はわかる。寂しさもわかる。孤独もわかる。想像できる。想像するだに胸がつぶれる。しかしだからといってこの生き方はなさけない。納得できない。いや私が納得するもしないもない。それが父の生きざまなんだから、それを引き受けるしかない。ところが、何もかも引き受けていたらこっちの身がもたない。

最後の頁に向かって、ひたすら読み続けた。読み終わった。一心不乱という読書体験ではない。途中、心が乱れまくった。

父が亡くなってから何度目かの帰省のさい、石牟礼道子と伊藤比呂美の対話集『死を想う――われらも終には仏なり』(平凡社新書、二〇〇七年)を読んだ。

石牟礼道子は、晩年の父が病状がおもわしくないのに毎日、焼酎を飲んでいたというエピソードを語っている。

「もう病気なのに、喘息なのに、焼酎はやめればいいのに」といったら、「一生、ろくなことがなかったのに、『こういう世の中に(世の中に怒ってましたから)生きとらにゃならんのは、さぞきつかろう。せめて焼酎なりと飲め』と、なぜ言わんか」と怒られたそうだ。

この話を聞いた伊藤比呂美は、「でも、私、その考え方、賛成です」と答える。

わたしの父も焼酎が好きで、亡くなる一年くらい前までは毎晩飲んでいた。結果論でしかないのだが、一年後に亡くなるとわかっていたら、そのまま飲ませたほうがよかったのではないか。父は酒をやめたが、わたしが帰省すると、ウイスキーが用意されていた。酒をやめた父の前でそれを飲む気にはなれなかった。

今おもうと、あのとき飲んどけばよかったなあ。そして、「一口いる?」といえばよかった。もうすこし前に『死を想う』を読んでいれば、別の対応ができたかもしれない。

この本の「まえがき」で石牟礼道子は、鶴見和子の最期の言葉を紹介している。

「死ぬというのは面白い体験ね。こんなの初めてだワ」――自分の死ではないが、わたしにとって父の死ははじめての経験、わからないことばかりだった。

生まれてはじめて印鑑証明をとった。父が十八歳まで暮らしていた鹿児島の市役所から原戸籍なるものも取り寄せた。死後の手続きのあまりの煩雑さに面食らった。ずっと父は四人兄弟の三番目だとおもっていたのだが、父が生まれる前に姉がひとり亡くなっていたことも知った。「面白い体験」とはおもわなかったが、これまで自分がいかにそういうことに興味がなかったか、死に関することから目や耳を塞《ふさ》いでいたかをおもい知った。

多少の自覚はあったが、世間知らずだったと痛感した。これまで友人から親が亡くなったと知らされたとき、何もわかっていなくて、そっけない返答をしていた気がする。

郷里には母ひとりが残された。親と離れて暮らしているほかの人たちはどうしているのか。あれからそんなことばかり考えている。

この先、迷いが生じたときは、「人にはそれぞれ介護のかたちがあるんだ」という言葉をおもいだすだろう。親からすれば、いろいろ文句はあるとおもうが、文句をいわれたところで、こちらにはこちらの言い分もある。

親よりも自分のほうが大事だ。常々わたしはそうおもって生きてきた。

自分と比べるのはおこがましいくらい親おもいの伊藤比呂美も「我が身大事だった。自分のやりたいことをいつも優先した」と述懐している。『父の生きる』を読んでいると、つくづく自分は親不孝者だとおもったが、気にしないことにする。親子関係もそれぞれだ。

父の死からしばらくの間、親の死に関する本を何冊も読んだ。書店や古本屋に行っても自然とそういう本に目が行くようになった。タイトルからは内容がわからない小説を読んでいたら、父の死がテーマだったということもあった。

機会があれば、それらの本についてもどこかで紹介したい。

『赤グリ』と『青グリ』

インターネットの匿名掲示板で、中年に関するスレッドをいくつか読む。

風邪が治りにくい。膝のケガに気をつけろ。すぐ太る。油っこいものを食うともたれる。徹夜がきつくなる。文庫本の小さな字が読めなくなる。

中年の初心者、そして中年のベテランとおもわれる人、いずれも気力や体力の衰えを嘆いている。初老は四十歳からという豆知識も教えられた。知りたくなかったが。

夏目漱石の『三四郎』の冒頭付近で、汽車の車内にいた中年男性を見た三四郎が、「男はもう四十だろう。これよりさきもう発展しそうにもない」とおもう場面があった。

そうかもしれない。この先、自分は発展しないのか。中年になっても発展しそうなことは何だろう。

そんなことを考えながら、電車に乗って書店に向かった。ビジネス書のコーナーを散策していると、同じタイトルの赤い本と青い本が平積みで並んでいた。

赤い本は、「ＧＲＩＴ」と大きくカバーに原題の入った『やり抜く力――人生のあらゆる成功を決める「究極の能力」を身につける』（神崎朗子訳、ダイヤモンド社、以下『赤グリ』）、青い本は、『ＧＲＩＴ――平凡でも一流になれる「やり抜く力」』（三木俊哉訳、日経ＢＰ社、以下『青グリ』）だ（いずれも二〇一六年刊）。

「ＧＲＩＴ」のＧは「度胸（Guts）」、Ｒは「復元力（Resilience）」、Ｉは「自発性（Initiative）」、Ｔは「執念（Tenacity）」を意味する。ＧＲＩＴ、すなわち「やり抜く力」を身につけている人は粘り強く、打たれ強い。また、やり抜く力は生まれつきの才能ではなく、大人になってからでも鍛えることができる。あらゆる分野で一流といわれる人たちに共通する資質こそがＧＲＩＴなのだそうだ。

人生は楽しいことばかりではない。というか、おもうようにならないことがたくさんある。一度や二度の失敗でヘコんでいたら、先に進めないわけで、中年に達した人は多かれ少なかれＧＲＩＴを身につけて今に至っているのかもしれない。

『赤グリ』の著者アンジェラ・ダックワースは、ペンシルベニア大学の心理学教授でＧＲＩＴ研究の第一人者。別名「天才賞」ともいわれるマッカーサー賞を受賞している。なぜ才能があるのに踏ん張れない人がいるのか。才能とやり抜く力は別物なのか。そんな疑問からダックワースは研究をはじめる。

私たちはさまざまな能力を持っており、いくらでも伸ばす余地があるのに、なぜすぐに「能力の限界」だと思ってしまうのだろうか？　将来なにを成し遂げられるかは、努力ではなく才能で決まると考えてしまうのはなぜだろう？

一流のアスリートや音楽家の卓越したパフォーマンスを目にすると、生まれつき才能が備わっているとおもいがちだ。しかし実際は、素晴らしいパフォーマンスは地道な努力と鍛練の積み重ねに裏打ちされている。

ダックワースは、「『才能』とは、努力によってスキルが上達する速さ」だと考える。さらにスキルを伸ばし、それを維持して、結果を出し続けるにはやり抜く力が必要だ。

私の計算がほぼ正しければ、才能が人の2倍あっても人の半分しか努力しない人は、たとえスキルの面では互角であろうと、長期間の成果を比較した場合には、努力家タイプの人に圧倒的な差をつけられてしまうだろう。

やり抜く力は、「ひとつの重要な目標に向かって、長年の努力を続けることだ」。何かに夢中になることはあっても、それを続けることはむずかしい。何事も初心者のうちはどんどん上達

するが、たいていどこかで行き詰まる。調子のいいときもあればわるいときもある。努力してもなかなか結果が出ない時期もある。情熱だけでなく、粘り強さがやり抜く力の重要なカギになる。

日本のことわざに「七転び八起き」というのがある。私がもしタトゥーを入れるとしたら、この言葉を刻みたい。

やり抜く力の強い人は何度転んでも起き上がる。失敗を前向きに受け止める。とくにGRITのRにあたるレジリエンス（復元力）は、最近、ビジネスの分野だけでなく、精神疾患の予防や回復の面でも注目されるキーワードになっている。打たれ強く、柔軟でユーモアがあること。自己管理もまた、レジリエンスにふくまれるという。

『赤グリ』では、GRITの達人だけでなく、その親やコーチにも話を聞いているのだが、彼らの多くも何であれ一年以上継続し、「最後までやり通す」ことが成功の秘訣だと考えている。

いっぽう『青グリ』は共著で、著者のひとりリンダ・キャプラン・セイラーは広告代理店のCEO（アフラックのアヒルのCMなどを手がけている）、ロビン・コヴァルは若者がたばこを拒絶する文化の実現をめざすNPOトゥルースイニシアティブのCEO兼理事長である。

最近の新しい研究によると、人生で成功を収めるには、血統や生まれつきの能力・才能よりもはるかに重要な要因があるとわかってきた。

その要因こそがGRITであり、それを構成する度胸・復元力・自発性・執念の四つの要素は、「学習によって獲得できる」という。

グリット養成の第一の練習として、やってしまいたいことの一覧をつくり、その週のうちに最低ひとつ、必ずやり遂げるようにしよう。引き出しのなかを片づけるみたいな、些細な仕事でかまわない。仕事やプライベートに役立ちそうな新しいテーマについて勉強するといった、ちょっと難しい課題もありだろう。

『青グリ』も『赤グリ』と同じく、やり抜く力を身につけるためには、挫折してもいずれ克服できると考える「楽観主義者」であることが大切だと説く。

人が立ち直るうえで楽観主義は必要不可欠だ。それがあれば、つらいときにもやる気を持続できる。

成功者の多くは何度も失敗や挫折を乗り越えている。

『青グリ』では、高齢になってからのエピソードも数多く紹介している。印象に残ったのは、アゾレス諸島に育ったジェームズ・ヘンリーの話だ。

ヘンリーは漁師だった。子どものころ父に学校をやめさせられたので、ずっと読み書きができなかった。九十二歳のとき、アルファベットの勉強をはじめ、簡単な子ども向けの本が読めるようになる。しかしその後、妻が亡くなったショックで、「学習意欲をなくしてしまう」。ヘンリーは九十六歳で英語の勉強を再開し、回想録を書く。その回想録は『In a Fisherman's Language』というタイトルで刊行され、ベストセラーになった（邦訳されたら読んでみたい）。

年をとると認知能力が衰えるというのはおもいこみにすぎない。中年どころか晩年になっても、やり抜く力は伸び続ける。年齢は関係ない。「人は何歳でも成功できるという考え方を社会がもっと受け入れたら、どうだろう？」と本書は問いかける。

脳は筋肉と同じく、鍛えれば強くなる。そして、新しいタスクを学び、新しいものごとを記憶し、新しい課題に挑戦することで、もっと柔軟に成長する。これは生後八カ月でも八〇歳でも変わらない。知力が衰えるのは、それを使わなくなったときなのだ。

ほかにも八十四歳のときに「ダブル」という単語ゲームを開発したジョージ・ワイス、六十四歳のときにキューバからフロリダ州キーウェストまで泳ぎきるチャレンジ（二十代のときに四回失敗している）に成功したダイアナ・ナイアドのエピソードなども興味深かった。

『青グリ』には、各章ごとに「グリット養成法」というコーナーがある。第六章の「充電する」では、「今日はひどい一日だった」とおもうような日は一息入れようといい、「必要なのはとにかく眠ること」と助言する。

わたしはこの項で、「ハフィントンポスト（現・ハフポスト）」の創設者アリアナ・ハフィントンの『サード・メトリック――しなやかにつかみとる持続可能な成功』（服部真琴訳、CCCメディアハウス、二〇一四年）という本を知った。

わたしは『赤グリ』と『青グリ』を読んで、中年以降の自分にもまだまだ発展の余地があると知り、勇気づけられた。しかし、世界共通語になった「ＫＡＲＯＳＨＩ（過労死）」という言葉を生み出した日本で、まちがった形でＧＲＩＴが流行するのはすこし心配だ。そういえば、中年に関するスレッドでも、眠りが浅くなった、寝ても疲れがとれないという愚痴を見かけた。だからこそ『赤グリ』と『青グリ』の読者には、『サード・メトリック』を読むことをおすすめしたい。

ハフィントンは激務（週七日、一日十八時間働いていた）で倒れ、デスクの角に頭をぶつけ、頬骨を骨折した経験からお金と権力以外の「第三の価値観《サード・メトリック》」を探しはじめる。そして、働きすぎによる「バーンアウト（燃え尽き症候群）」に陥らないためにはどうすればいいのかを考えているうちに、睡眠の効果に注目、「睡眠不足はクリエイティビティや生産性や意思決定に多大な、そしてネガティブな影響を与える」と警鐘を鳴らしている。

> 成功を再定義するためにできる最も基本的な改革、それは睡眠とのぎすぎすした関係を変えることだ。

睡眠を十分とると、エネルギー不足にならず〝ベストの自分〟に近づける。逆に過労で睡眠不足に陥っている状態ではよいパフォーマンスは望めず、幸福感を得ることもむずかしい。やり抜く力は「持続」してこそ意味がある。

わたしが中年になって痛感したのは、仕事も人生も長期戦であり、持久戦であるということだ。休み休み、怠け怠け、気力と体力の回復をはかりながら、無理のないペース配分で物事に取り組むことも、やり抜く力といえるのではないか。長く仕事を続けるには水木しげるのような「睡眠至上主義」がちょうどいいのかもしれない。

『サード・メトリック』では、睡眠のほかにマインドフルネスや瞑想の効能をくりかえし述べている。もしわたしにやり抜く力があれば、いつの日か大量に刊行されているマインドフルネス本を読破し、〝中年と瞑想〟というテーマを考察してみたい。

中年の文学

ある評論家が、中年になって小説を読んでも「頭から真にうけなくなった」というようなことを綴っている。中村光夫の言葉である。

わたしも二十代のころと比べると、年々、小説への関心が薄れつつある。

幼少期から社会不適応の傾向があり、大学を中退し、就職せず、フリーライターになったものの、そういう生き方には、前例というかお手本があまりない。当時、わたしのまわりには三十歳以上のライターはほとんどいなかった。

若き日のわたしは社会不適応者だらけの文学の世界に接近した。貧乏だったけど、暇だけはあったから、いくらでも小説に没入できた。ところが、生活が安定し、一日の大半を仕事かそれに関係する雑務に費やすようになってくると、なかなかおもうように小説が読めなくなった。細切れになった時間の中で、明日のことを気にせず長篇小説を読み通すのは、けっこう骨が折れる。目も疲れる。

でもきっと〝中年の文学〟はあるはずだ。もちろん中年といっても境遇もちがえば、好みも千差万別である。万人受けするような中年の文学は存在しない……が、そういってしまうと話が続かないので、小説を頭から真にうけなくなった中年こそ読むべきとおもう作家を紹介したい。

立元幸治の『「こころ」の出家』でもとりあげられていた、神吉拓郎である。

二〇一六年、国書刊行会から大竹聡編『神吉拓郎傑作選』という二巻本が刊行された（「1 珠玉の短編」「2 食と暮らし編」、以下『傑作選』）。

神吉拓郎は「都会派小説の名手」と呼ばれ、一九八三年に『私生活』で直木賞を受賞。一九二八年生まれだから、このとき五十五歳——。父はソローの『森の生活』の訳などで知られる神吉三郎である。

『傑作選』の「食と暮らし編」に「中年の像」というエッセイが収録されている。

中年というのは、いい意味では使われない言葉らしい。（いい意味での中年）なんて表現にはお目にかかったことがない。禿げかかった頭、てらてらしてニクテイな顔、出っぱった下腹、だぶだぶのズボン、好色な目つき、威張ったもののいいかた。酔っぱらうとすぐナツメロの合唱。そんなふうに思われているらしい。

神吉拓郎は、いわゆる中年は老人と若者からハサミ撃ちをくって、「損な立場」だという。中年は何かと忙しいから「自己主張」をしている暇がない。

中年が、なぜ控えめで、若者や老人ほど烈しく自己主張をしないのか。それは世のなかの狭さをよく知っているからかもしれない。それが身にしみているからだろうという気がする。

この狭い日本に、これだけの人間が住んでいて、押しあいへしあいしながらとにかく暮らして行かなければならない現状を一番よく感じるのは中年である。

世の中の狭さだけでなく、多くの中年は自分自身の限界みたいなものも痛感している。今の自分の人生、というか、生活は日々の積み重ねの結果にすぎない。中年になって以来、わたしはこの先、奇跡みたいなことが起きて、人生が劇的に変わるとは考えられなくなった。食べすぎればお腹が出てくるし、飲みすぎれば二日酔いになる。無理をすれば体調を崩す。宝くじは当たらない（買ってない）。叶うかどうかわからない望みを持たなくなり、無茶もしなくなった。人生には小説みたいなことは起こらない。

だから小説を読んでも熱中できなくなったのだろうか。そうかもしれない。

神吉拓郎の小説は、ほぼ短篇である。細切れの時間で読める上に、省略の技が巧みで読み疲れることもない。地味だけど、味わい深い。

主人公は中年のサラリーマンが多い。彼らは会社に電車で通勤している。

「珠玉の短編」の冒頭を飾る「つぎの急行」もそうだ。『私生活』の一篇である。

仕事帰りの戸川は乗り継ぎの急行を待つあいだ、途中下車して、パチンコ屋やキャバレー、小料理屋などがひしめく「場末然とした」駅前付近をぶらつく。ただうろつくだけで客引きの誘いにのることはない。

戸川は自分のことを「抑制の利く性格」だと信じているが、妻の英子には「あんたは、ブレーキしかない人ね」といわれたことがある。ふらっと途中下車をすることはあっても、脱線はしない。

それはさておき、戸川がネオン街を歩いていると、どこか見覚えのある男が前を「覚束ない足取り」で歩いている。男はかなり酔っていて、「安キャバレー」の前に立っているホステスに引っかかる。酔っぱらった男は、ホステスに猥雑な言葉を吐くが、たちまち「悪口雑言」の反撃を喰らう。

戸川の前を歩いていた男は、同じ団地に住む銀行員の草葉であることがわかる。草葉は団地の人にたいし、とにかく慇懃《いんぎん》にふるまう。向こうから誰かが来ると、数人が並んで歩ける余裕があっても、「肩を狭め、半身になって、道を譲ろうとする」

そんな人物が、酔っぱらってホステスに悪態をつきまくっている。

戸川は草葉と同じ電車の別の車両に乗り、同じ駅まで帰った。そして、降車駅に着き、電車を降りる。


驚いたことに、先刻まで、あれほど大酔していた草葉は、改札口を出ると、人が違うようにしゃんとして歩き始めた。（略）はた目には、酔っている様子など微塵も感じさせない、いつもの端正な草葉に戻っていた。


同じ人物とはおもえない変わりようだ。

この『傑作選』には、『私生活』から「警戒水位」という短篇も入っている。

長年、経理をしている石山という男が主人公で、銀行帰り、「ずしりと持ち重りのする現金」を抱えている。会社の金だ。石山は社長からその現金をある男に届けるよう頼まれたのだが、何のための金かはわからない。

石山は大金を持ったまま喫茶店に入る。

自分ながらよくわからないが、要するに飽きたのだ。今の生活が嫌になった。会社も、同僚も、それから、自分の家庭も、なにもかも嫌気がさして、いっそ全部を取り替えたくなったのだ。そして、今やっとその機会を捉えることが出来た。

このまま金を持ち逃げして、蒸発したらその願いは叶う……かもしれない。石山は「初老」という設定だが、「なにもかも嫌気がさして、いっそ全部を取り替えたくなったのだ」という叫びは、ミドルエイジ・クライシスの兆候である。

「つぎの急行」「警戒水位」「鮭」など、『私生活』の収録作は、今読んでも、否、自分が中年になってから読み返すと、一見、安定しているようでいて、実は危なっかしい中年像が見事に描かれていて、脱帽するしかない。

最近、文庫になった川口則弘著『直木賞物語』（文春文庫、バジリコ版は二〇一四年刊）では、『私生活』を、「玄人好みの作風」で、「四十年、五十年、人生を歩んできた男性諸氏には、心地よいような、郷愁を覚えるような読後感が残るに違いない」と評している。

たしかに『傑作選』の作品も「郷愁」がテーマになった短篇が多い。

子どものころの風景や食べ物のことが、くりかえし綴られている。それは二度と見ることができないし、味わうこともできない。記憶の中にしか存在しない。神吉拓郎はそうした記憶の味をふりかえる小説やエッセイが抜群にうまい（「珠玉の短編」所収の「海のいろ」や「洋食セーヌ軒」、「食と暮らし編」所収の「小さな客」など）。

神吉拓郎が亡くなったのは一九九四年六月二十八日。没後、神吉拓郎の本は『或る日のエノケン』（新しい芸能研究室、一九九四年）と『花の頃には』（文春ネスコ、一九九五年）の二冊が刊行されたが、近年では二〇一六年に『洋食セーヌ軒』（新潮社、一九八七年）の光文社文庫版と『傑作選』が出るまで、新刊書店で入手できない作家になっていた。

わたしが新刊で買った神吉拓郎の本は『或る日のエノケン』だけで、それ以外の本はすべて古本屋で入手している。

二十代のわたしが神吉拓郎を知ったのは、色川武大のエッセイだったか、山口瞳のエッセイだったか。のめりこむきっかけになったのは、『男性諸君』（文春文庫、三一書房版は一九七一年刊）所収の「お洒落」というコラムで、これは『傑作選』の「食と暮らし編」にも収録されている。

「これは、すこしキビしすぎる、とお考えになる方もあるかも知れないが、私が思う〈お洒落な人〉の資格です」。そんな書き出しから、神吉拓郎は箇条書きで「お洒落な人」の条件を綴る。以下、抜粋――

一、相手の距離、部屋の広さなどによって、話し声の音量に、実に適当なコントロール――

が出来

一、知らない同士をひき合わせるのに巧みで

一、百知っていることは、七十まで話し（百知っているのに、三十までで留めるのは、相手に失礼である）

一、つねに表情を涼しく（または暖かく）保つようにつとめ

一、挨拶がわりに、太ったとかヤセたとか、顔色が悪いとかいわず

一、他人の趣味には極めて寛大で

……といったかんじの項目が五十ちかく並んでいる。はじめて読んだときは、いかに自分が無自覚に生きてきたかおもい知らされた。いまだに実行できていないことばかりだ。もっとも神吉拓郎自身、「もちろん私は全く失格である」と書いているのだが。

わたしにとって、神吉拓郎は理想の大人のひとりだ。かっこいいだけでなく、おもしろおかしく暮らしていた。釣りにラグビー、野球など、多趣味な人だった。

『男性諸君』の「解説」で、神吉拓郎といっしょに旅をした矢野誠一は彼のことをこんなふうに綴っている（この旅の話も「食と暮らし編」に入っている）。

こうした旅先で、なにもすることなく、ただぼけっと時間をすごしている神吉さんを見る機会が多いのだが、なにもしていない姿がこれだけ見事にさまになるひとというのも、そういるものではない。

著者紹介には、「睡眠、スポーツなど、無用のことのみを好み、浪費を愛する。信条は『細く長く』と『人生には急ぐべきことは何もない』とある。神吉拓郎は遅筆で有名だった。妻の神吉悦子は書いている。

一日に原稿を三枚だけ。あとの時間は読書と昼寝三昧の優雅な日々(「あとがきに代えて」『或る日のエノケン』)。

そういうものにわたしはなりたい。

〃世の中とうまくやってけないけど
なんとか生きてる〃先輩

「年を取っても『さらに長く生きたい』『楽しい』と思えるカギはなんなのだろうか」——入江喜和の漫画『たそがれたかこ』（全十巻、講談社、二〇一四〜一七年）の第一巻で、主人公・片岡隆子（以下、たかこ）は、そう自問する。

たかこは四十五歳バツイチ。社員食堂のパートをしていて、小さなアパートを営む八十歳の母（小夜子）とふたり暮らし。中高一貫の女子校に通う娘（一花《いちか》）は、十八歳下と再婚した別れた夫のところにいる。

第一巻の「あとがき」には、「『人が描かないような人を主人公にしたい』といつも思いながら漫画を描いています」という作者の言葉が綴られている。たしかに、こんなに冴えない中年が主人公の漫画は読んだことがない。

たかこはぼさぼさの髪をうしろでしばっているだけで、若作りは一切していない。人付き合いも苦手のようだ。深夜、布団の中で漠然とした不安に襲われ、涙を流す。眠れなくなって、川沿いを散歩し、「こーいうときちゃんと年相応な大人の女なら――」「行きつけの店とかに一人で行けるのかなー」「ココをしっかり耐えとかんと一人で年とってなんかいけないいんだろーなあ」などと考える。

日々の生活が苦しいわけではないが、友だちらしい友だちはいないし、これといった趣味や特技もない。

そんな彼女がどう変わっていくのか。

この漫画の連載がはじまったころ、インターネット上では「おもしろい」「すごい」という絶讃の声だけでなく、「刺さる」という言葉をよく見かけた。

入江喜和の漫画はほのぼのしたやわらかい描線に特徴がある（滝田ゆうの画風とちょっと似ている）。内容は、ほのぼのとはいいがたいが、淡泊な絵と濃厚な話のギャップが癖になる。物語の端々に痛みがあり、その痛みをうまく言葉にできない主人公の不器用さが読む人の心に刺さるのだ。

もうすこしストーリーを紹介しよう。

夜中、眠れなくなったたかこが家を出て、右手にワンカップを持って川沿いで佇《たたず》んでいると、「天才バカボン」の歌を口ずさむ怪しげなおじさんが話しかけてくる。年齢不詳だが、たかこよりはかなり年上っぽい。おじさん（美馬《みま》修平）は、三ヶ月前にオープンしたばかりの「Vi va（美馬）」という飲み食い処の店主だった。

この店は『たそがれたかこ』の重要な舞台のひとつで、たかこにとって、はじめての行きつけの店になる。

そして、この作品のもうひとつのテーマは音楽――

ある晩の深夜二時、たかこが家でひとり酒を飲んで寝ていると、かけっぱなしにしていたラジオから〝ナスティインコ〟というバンドの谷在家《やざいけ》光一がパーソナリティをつとめる番組が流れてくる。そのたどたどしい喋りにすこし共感をおぼえ、ラジオを聴いているうちにたかこは光一のファンになってしまう。彼のバンドのCDを秋葉原のタワレコに買いに行き、母に隠れるようにヘッドホンで聴いていると、乙女のような心持になる（妄想の中でたかこの姿も若返る）。

若いミュージシャンに夢中になってしまった自分を「我ながらイタイ……」とおもい、CDについていたDVDの映像を観て、光一の若さに「あのコの母親と変わらん年ごろであろーな」とショックを受ける。

たかこは彼のラジオ番組の熱心なリスナーになり、川辺で知り合ったおじさんの店にもちょくちょく通うようになった。白髪まじりの髪を明るい色に染め、ひさしぶりにメイクもする。

ここまでが第一巻から第二巻にかけてのたかこの変化だ（表紙のたかこの姿は別人のように

様変わりしている）。

好きなものと好きな場所を見つけ、幸せになれるのかとおもいきや、話はそう順調には進まない。

元夫のところにいる中学三年生の娘の一花が不登校になる。たかこと母のアパートに暮らす中学二年生の男の子も、たかこがファンになったミュージシャンの光一も、そして、たかこ自身も学生時代に不登校だった。一花は食事をしようともしない。

中年の思春期と中学生の思春期が重なり、すれちがう。

第二巻に、「大人――とりわけおばさんというものはみな躊躇なく話しかけてくれて」「富士のごとくどっしりかまえ子どもの言動などにはおよそ傷つかないものだと思っていた」というたかこのモノローグがある。

わたしも中年になってみて、自分の中にある幼さや未熟さに戸惑ってばかりだ。大人になっても落ち込む。人付き合いも自然にうまくなるわけではない。いつまで経っても自分のことで精一杯で若い人の相談にのれない。情けない。

第三巻で、たかこは拒食症で不登校の娘にたいし、「いまの自分の役割」をおもい悩む。

「母」でもなく「理解者」でもなく、「〝世の中とうまくやってけないけどなんとか生きてる〟先輩」くらいの立場で、なるべく娘を追いつめないようにしようと考えるのだが、これがなかなかむずかしい。

『たそがれたかこ』を読んでいて、渡辺京二×津田塾大学三砂ちづるゼミ著『女子学生、渡辺京二に会いに行く』（文春文庫、亜紀書房版は二〇一一年刊）という本のことが浮かんだ。

この本の「はみだしものでかまわない」という章で、コミュニケーションが苦手な人やまわりから変わり者とおもわれている人が議題にあがる。

渡辺京二は大学生に、「人間というのは、表面はなにげないような顔をしていても、それぞれ自分で思いこんでいる事柄とか、あなたが言う生きにくさみたいなものを強く感じる人がいるんですね」と語りかける。

かつてのたかこ、そして娘の一花も、「生きにくさ」を「強く感じる」タイプといっていいだろう。

共同社会の中には、うまくやっていける人もいれば、そこからどうしてもはみだしてしまう人もいる。はみだしてしまうことも「人間の本質」であると渡辺京二はいう。

はみだしてしまう人には、うまくやっていける人のやり方やテンポがなじまない。どんなに「ちゃんとしろ」といわれても、それができないから、はみだしてしまう。

——変わり者であるということ、自分が変わってて周りといっしょじゃないということ、周り——

――にあわせていくのが苦痛であったりする、それはいいんですよ、そんなことは。それが正常なんです。

――自分はこういう人間だということで、いやならつきあってもらわなくてけっこう。でもつきあってくれる人とは誠心誠意つきあう。それでいいんです。

――自分の一生の中で、今日は暇だけど何しようかなというときに、うん、あそこに遊びに行こう、あそこに遊びに行ったら、誰々と会えるんじゃないかなと、そう思える場所があるということ自体がすばらしいんです。

いずれも『女子学生、渡辺京二に会いに行く』の中の渡辺京二の言葉である。
この本を読んだとき、わたしは四十代になっていたのだが、ずっとこういう言葉を誰かにいってほしかったのだとおもった。
『たそがれたかこ』の中で、たかこが通うようになったviva は、なんとか生きてる自分を受け入れてくれる場所として描かれている。
店主の美馬は、ちゃらんぽらんそうに見えて、周囲と適度な距離感を保ち、場をなごませるのがうまい。たかこは店に行くとほっとする。

自分の子どもでもおかしくない年齢のミュージシャンを好きになってしまった話を照れながら告白するたかこに「——人間てさ」「昔は40ぐらいで死んでたらしいよ」「もう気にしなくていーんじゃない?」「生きたいよーに生きた方がいーよ」と美馬が語る。美馬による中年語録はこの作品の読みどころのひとつだ。

たかこは、年をとっても「楽しい」とおもえるカギを美馬が知っているような気がしている。いつも楽しそうに生きているからだ。美馬は人を型にはめたりもしない。

いっぽうで孫の健康を心配するたかこの母は、ものが食べられなくなる病気を理解できない。元夫は「人間逃げてもいいことないんだぞ」と一花に説教する。

わかっていてもできないことがある。それがわからない人がいる。ちゃんとした大人ほど、できない人の気持がわからない。

正しさを盲信する人は、世の中の多くの人にとって健全とされる生き方からはみだしてしまう人を矯正、もしくは排除しようとする。

「〝世の中とうまくやってる〟先輩」のたかこは、自分自身もそんな大人の常識に苦しめられた過去がある。娘を守るために、たかこは自分を変える決心をする。

それにしても「〝世の中とうまくやってけないけどなんとか生きてる〟先輩」というのは、

いい言葉だなとおもった。世の中の役に立っているわけではないが、そういう人がいると、自分も大丈夫かもとすこし気が楽になる。

探せばそういう人が生きていける隙間がある。そのことを知るだけでも、世の中とうまくやっていけない人の希望になるのではないか。

本を読む。漫画を読む。音楽を聴く。わたしはそこに正しい答えを求めていない。楽しい娯楽はありがたい。現実逃避がしたいときもある。いっぽう、こんなことでくよくよしているのは自分ひとりではないとおもわせてくれる作品に出会えたときの喜びは格別だ。『たそがれたかこ』はまさにそういう作品だった。

第九巻の、たかこが川沿いで突然歌い出す頁を目にしたときには、脳みそがしびれた。血がざわついた。ロックの〝初期衝動〟が絵になっている。

話を端折りすぎて未読の人には何のことやらわからないかもしれないが、わたしは漫画史に残る名シーンだとおもっている。

『たそがれたかこ』は全十巻で完結。二〇一七年五月十五日に発売された『BE・LOVE』(六月一日号)で、四年にわたる連載の最終回を迎えた。

ずっと手元に掲載誌はあるのだが、この原稿を書き終えるまで読むかどうか迷っていた。今、読んだ。途中から予想外の展開が続いて、どう着地するのかハラハラしていたのだけど、ラストの……いや、それは書かない。

『たそがれたかこ』の連載がはじまったころ、たかこよりも年下だったわたしは、今年四十八歳。警戒していた中年の危機はもう過ぎ去ったのか、それともこれからが本番なのかはわからない。

まあ、なるべく生きたいよーに生きるつもりです。

文学中年の課題

三十代の半ばごろ、突然、中村光夫を読みはじめた。それまで中村光夫には私小説批判で知られる批評家といったくらいの印象しかなかった。

当時——二〇〇五年くらい、新刊書店で中村光夫の著作は、ほぼ品切になっていた。暇だったので古本屋をまわり、中村光夫の著作をバラで集めた。「最近、中村光夫の本を探している」と知り合いにいうと、なんで今さら？　みたいな反応が多かった。

一九七八年に文芸評論家の平野謙が七十歳で亡くなったとき、四歳下の中村光夫は、「晩年には氏の生活記録がそのまま批評であり、批評が氏の生きた声というような独自の境地に達していました」と追悼した（「朝日新聞」四月五日夕刊）。その中村光夫の四十代後半から晩年にかけての批評にも、自らの加齢や老いを観察し、分析する「生活記録」者の一面を見ることができる。

『現代作家論』（新潮社、一九五八年）に「作家論について」という評論がある。

かつての文士は職業として成り立っていなかった。一九一一年生まれの中村光夫より年輩の文芸評論家の多くは、食えないという理由でやめてしまった。かけだしのころ、二十一歳上の青野季吉《すえきち》が「批評家という職業で四十の人生をむかえた辛さ」や「この道に志す青年たちの前途」を危惧している文章を読み、中村光夫は自分に向けて書かれたものだとおもった。

いまさら青野氏の言葉に思い当るといっても始まりませんが、四十歳が批評家にとって大きな迷いの齢であることはたしかなようです。青年時代は僕等はひとからあたえられてすますことができるが、老年は自分でつくらねばなりません。この移りかわりの時期に、批評家の経る危機が他の文学者より深刻なのは、元来が他人のことをあげつらうのが商売である僕等が、いやでも自分というものにぶつかり、それを処理することを迫られるからです。

青年から老年に移り変わる時期、批評家は「自分」とぶつかる。ときには論敵に向けた鋭い批判が自分に向かうこともある。

やりきれなくなるのは、日々需要があるままに書いている時評、解説などの雑文がはたして自分の仕事といえるのかどうか、いかに生活のためでもそういうことに残り少い生涯の時間を費してよいものか、二葉亭の言葉をもじって云えば、「文芸批評は男子一生の事業なりや」という疑問が心を曇らしがちなのは、どの職業にもある中途の迷いというものなのでしょうか。


これもいわゆる中年の危機の症状の典型だろう。

四十代の中村光夫の場合、同業の先輩がほとんどいなかった。新しい職業についた人たちは、中年期以降のモデルがなかったり、技術の変化についていけなくなったりする。ひょっとしたら、今の時代のほうが、長年の経験や知識が通用しなくなる不安は大きいかもしれない。

中村光夫が「作家論について」を書いたのは四十七歳。今のわたしと同じ年くらいだ。中村光夫が文学中年の危機をどう乗りきったのか。それが知りたくなった。

翌年に刊行された『文学の回帰』(筑摩書房)の「ふたたび政治小説を」は、次のような書き出しではじまる。


文芸評論はこのごろ書きにくくなりました。僕が小説を頭から真にうける年齢を少しすぎてしまったせいかも知れませんが、それだけではありません。一般にそれを書く人も減ってしまい、時代もこれを要求していないように見えます。

三十代後半――今から十数年前にこの批評を読んだとき、「小説を頭から真にうける年齢」という言葉が妙に引っかかった。そのせいで、それ以外の内容はすっかり忘れていた。

もちろん趣味嗜好には個人差があるから、いくつになっても、小説を読んだり、映画を観たりするのが楽しくてしかたがないという人もいるにちがいない。

わたしはそうではなかった。物語の中で登場人物がどんなに葛藤していても、感情移入できない。どんな小説を読んでも、十代、二十代のころのような没頭する感覚が味わえない。映画やテレビドラマを観ていても、自分とは関係のない世界のようにおもえる。中村光夫もそうだったのかとちょっと気が楽になった。

『想像力について』（新潮社、一九六〇年）の「文学と世代」も中年論として秀逸である。

若いころは経験が少ない分、人生を理論や理屈で考えがちである。しかし、その理論や理屈が正しいかどうかは、生きてみないとわからない。

> 私ぐらいな齢になりますと、何か人生というものはこんなもので終るのかなというような気がよくいたします。

批評家にかぎらず、四十歳くらいになると、自分の人生の残り時間について考えはじめる。

目先の雑務に追われ、あっという間に一年が過ぎていく。人生の時間はかぎられている。何でもできるわけではない。四十代後半の中村光夫は、「自分の限界」について考えるようになる。

歴史は、自分の限界の意識というものがなければ、いくら科学的に事実を調べても、興味がわかないものじゃないかと思うのであります。それはやはり自分がこの土地の一角に何十年か生きて、それでいなくなる、じゃあ、今までいなくなった人間は何してたんだろうというような、何か不思議な愛情、というと大げさでありますが、そういう気持、そういう亡くなった同類を求める心というようなものが、やはり歴史を勉強する根底にあるんじゃないか。

その後、五十代になった中村光夫は、「文学自体に興味を失ったわけではなく、東西の古典は、やっとこのごろになっておもしろ味がわかる気がするのですが、現代文学の生きた流れが、ひとごとのように見えてくるのは批評家として失格です」と心境の変化を語っている（「わが小説白書」『批評と創作』新潮社、一九六四年）。

わたしもむしろ歴史や古典に興味が出てきた。こうした変化は年齢によるものなのか。

そんなことを考えながら、近所の古本屋に入ったら『老いの微笑』の単行本（筑摩書房、一九八五年）が売っていた。数ある中村光夫の著作の中でもいちばん好きな本だ。同じ題のちくま文庫版は持っているのだが、何かちがう。

家に帰って目次を比べると、文庫のほうには『秋の断想』（筑摩書房、一九七七年）や『知人多逝《たせい》秋の断想』（筑摩書房、一九八六年）の文章が多数入っている。そのかわり単行本の「文学におけるプロとアマ」をふくむ七本のエッセイが未収録だった。プロかアマかという問題は、わたしの関心事のひとつだ。中村光夫はプロの条件に「初心を忘れない」ことをあげている。

初心を忘れた商売人は、外形はどのやうに繁盛しても、内的に見れば職業に負けてゐるので、その貧しさは、彼の仕事の類型化に現はれます。

いっぽう、単行本と文庫の両方に収録されている「『若さ』と『老い』」というエッセイでは、「青春が知ってゐたら、老境に力があれば」というフランスの諺《ことわざ》を紹介し、「僕らは『知らない』青春から、『力のない』老境にむかつて、がむしやらに歩いて行くほかはないので、これが生きるといふことであり、年をとるといふことなのかも知れません」と綴っている。

また、「六十前」では、「もう中年も終りにさしかかつてゐることはわかつてゐるくせに、まだ自分を老人と思ふこともできません」とも……。

中年から「老境」にかけての中村光夫も迷い続ける。『近代の文学と文学者』（朝日選書、単行本は一九七八年刊）の「文学とは何か」では、自身のこれまでの読書生活をふりかえっている。若いころは文学を読むことで「人生を先取り」した気持を味わい、恋愛や生と死、人生の謎をわかった気になった。ただし、小説をどんなに読んでも「われわれは結局そこから自分の経験したことしか読み取ることができない」という。だが、年をとれば文学がわかるのかといえば、そうともかぎらない。

われわれが人生を生きた後、確かに人生についての知識と、それから実地の経験は積むかもしれないけれども、人生そのものに対して、つまり人間の生き方に対して肝心の興味を失ってしまうことが大部分です。（略）それでは文学がわかるもわからないもない。

興味や好奇心を失えば、どんな文学もつまらなくなる。好奇心の持続というのは、中年期以降の切実な問題なのである。

「読書についてⅢ」（『青春と女性』レグルス文庫、一九七五年）で中村光夫は、「胸中の温気《うんき》」という二宮尊徳の言葉を用いて読書のあるべき姿を説いている。

真の読書家とは例外なく書物を蘇らせるに足る「胸中の温気」を持ち、これに自分の心を通わす術を知った人である。

書物は、読む人の心の熱に触れないかぎり、文字が印刷された紙にすぎない——というのはいいすぎかもしれないが、本のおもしろさは、受け手に左右される。

どうすれば「初心」や「胸中の温気」を持ち続けることができるのか。それが文学中年の課題といえそうだ。

中村光夫は六十代になってジョギングをはじめた。大雨や旅行のとき以外は毎朝二十分ほど走った。縄跳びも日課だった。健康の土台がないと、精神の活動が衰えると考えていた。中村光夫はスタンダールのことを「人生計算家」と評したが、生活記録者である彼自身にもそういう傾向があった。

『知人多逝　秋の断想』に「ならび年」というエッセイがある。

明治四十四年、西暦では一九一一年二月生まれの中村光夫は、同じ数字がふたつ並ぶ「ならび年」のことを意識していて、このエッセイを書いたころ、一九七七年の誕生日を前に、六十六歳になろうとしていた。

――六十台の後半は、これまでにない険しい坂道でしょうが、そこをなんとか生きのびて、次のならび年、七十七歳まで辿りつきたいと欲張ったことを考えています。――

中村光夫が亡くなったのは一九八八年七月。享年七十七。見事というか、なんというか……。

尾崎一雄の「小さな部屋」

二〇一七年の秋、四十八歳になった。大学を中退し、定職につかず、不安定な暮らしを続けてきたが、どうにか中年と呼ばれる年まで生きてこれた。今、おもうと、中年の入り口付近の三十歳前後に私小説作家の尾崎一雄を読んだのがよかったのかもしれない。

私小説は、経済の危機、家庭の危機、生命の危機、思想の危機の「四つの危機」を経ないと書けない——というのは、尾崎一雄の持論である。だから、いまもわたしは何か困ったことがあると尾崎一雄を読む。

一八九九年生まれの尾崎一雄は、十六歳のときに志賀直哉の「大津順吉」を読み、文学の道を志した。二十代は放蕩無頼の貧乏生活を送り（収入がない時期もあった）、三十歳のときに最初の妻と離婚する。その翌年、金沢出身の松枝と結婚し、やがて第一子が生まれた。そこからすこしずつ生活を立て直していく。

ところが、一九四四年八月に胃潰瘍の大出血で倒れ、翌月、下谷区上野桜木町から郷里の神奈川県小田原市の下曽我に疎開する。尾崎一雄は病床に伏しながら小説を書いた。その代表作が「虫のいろいろ」である。

「虫のいろいろ」を発表したのは一九四八年一月、四十八歳のとき。同年六月には「美しい墓地からの眺め」、四九年一月には「痩せた雄雞《おんどり》」を発表している。

一九四九年三月、留女書店からこの三作を含む『虫のいろいろ』を刊行——。この本の「あとがき」を読んでいたら、尾崎一雄はこんなことを書いていた。

『痩せた雄雞』『美しい墓地からの眺め』『虫のいろいろ』といふ順にならべたが、書かれた日時は逆である。しかし、ならべた順に読んで貰ふ方が、作家の気持を汲んで貰ひ易いと思ふ。『虫のいろいろ』は、作家の気持の、一つのピークをなすもので、他の二つは、作者としてそこへの登路の役をしてゐる。

『暢気眼鏡』（新潮文庫）の「解説」で、文芸評論家の山室静は、「世評は『虫のいろいろ』ほどではなかったと思うが、むしろその逆ではないのか」と「痩せた雄雞」を評価している。わたしも同感だ。さらにいうと、この三作はそれぞれ補い合っている。別にどの順番で読んでもいいとおもうが、尾崎一雄に従い、「痩せた雄雞」から再読することにする。

「痩せた雄雞」は、ラジオで「ロンド・カプリシオ（カプリチオーソ）」が流れる場面からはじまる。と、台所にいた妻がそれを止めてしまう。病気で一日中横になっている「緒方」は、怒ったわけではないが、妻のふるまいを不思議におもう。緒方は四十代後半で肋間《ろっかん》神経痛を患い、寝込んでいる。神経痛の痛みを「烈震、激震、強震、弱震」といい、「軽震か微震」くらいのときに長女に肩をもませることがある。

緒方は、かつて身勝手に生き、癇癪《かんしゃく》持ちだった自分の来し方をふりかえりながら、こんな感慨にふける。

――――この頃、家族の者に対する自分の態度が、以前よりもやさしくなつてゐることに気づいてゐる。それは半ば意識してさうなのであり、半ばは自然にさうなるのだ。――――

緒方は、妻や子どもたちが「怒るのでなく喜ぶことを、泣くのでなく笑ふことを、打沈むのでなく陽気であることを」願うようになる。

四十代で大病を患ったこともこうした変化の理由のひとつだろう。わたしも昔と比べると、平穏な日常にありがたみをかんじることが増えたが、三十歳前後にはじめて「痩せた雄雞」を読んだときには、早くこうした境地に達したいとおもっていた。

緒方が以前よりもやわらかい人間になった理由は、ほかにもある。

それは、彼が、自分の中に、誰にものぞかせない小さな部屋のやうなものをつくつてゐる、といふ自覚にある。

この「小さな部屋」は、「虫のいろいろ」や「美しい墓地からの眺め」とつながっている。尾崎一雄の小説は、日常の細やかな観察や会話も読みどころだが、時折、小さな部屋に入りこみ、観念の世界に没入する展開がいいのだ。

「美しい墓地からの眺め」の「緒方」も、四年ほど前から「不治と云つていい病気」を患っている。しかし、学生時代から長年、病と付き合ってきた経験があるため、「病気相手の立廻りについて」のコツを熟知している。

そのコツとはどのようなものか。

油断は禁物だが、気負けもいけない。土俵をあっちこっちと逃げ廻る、いなす、相手の力をまともに受けぬ工夫をし、水を入れてやろうと企《たく》らむ。何とか欺《だま》し欺し、相手ともつれ合ひながらも定命といふゴールまでもつて行つてやらうとの肚《はら》だ。

油断だけでなく、無理も禁物だ。だましだまし、余生のように日々を過ごす。尾崎一雄は冬になると、「冬眠」と称して仕事を減らし、外出も極力控えていた。晩年のインタビューで尾崎一雄はそうした生き方を「天然自然流」と語っている（『毎日新聞』一九八三年二月十日夕刊）。「美しい墓地からの眺め」の緒方にとって、「よく晴れた日の、風も穏やかな午後一時二時」は「幸福の時」だった。縁側で「煙草に火をつけ」、庭の木や草を眺める。

「俺は、今生きて、ここに、かうしてゐる」かういふ思ひが、これ以上を求め得ぬ幸福感となつて胸をしめつけるのだ。心につながるもの、目につながるものの一切が、しめやかな、しかし断ちがたい愛惜の対象となるのもかういふ時だ。

残念ながら、わたしは草花を見て、「幸福感」を味わったことはまだない。でも、たまに近所の飲み屋で酒を飲みながら、たわいない会話をしているとき、生きててよかったとおもうことがある。「ここに、こうしている」こと――さまざまな偶然、気まぐれの末に、今の自分がいる。深い理由もなく、ここにいる自分を肯定したくなる。そういう気分は幸福感といっていい気がする。

緒方は、さらに土を眺めながら、「俺も、遠からず、ここの、この土の下にもぐり込むのだ」

とおもう。

――彼は、木斛《もっこく》の幹に背をもたせ、自分がこの土の中に入った時のことを、あれこれ空想し始めた。――

尾崎一雄の年譜を見ると、一九四四年九月に下曽我に引っ越し、「第一次の『生存五ヶ年計画』に入る」とある。

胃潰瘍で倒れたあと、医師は松枝に、「三年ぐらいもつでしょう」といった。妻は夫にその言葉を伝える。尾崎一雄は、「『よし、それなら五年生きてやる。生存五ヶ年計画を立てる』と宣言した」(「わが家の男女同権」『単線の駅』講談社文芸文庫、単行本は一九七六年刊)

「虫のいろいろ」「美しい墓地からの眺め」「痩せた雄雞」は、いずれも第一次「生存五ヶ年計画」のころに書かれた小説である。そして、これらの作品は、自然豊かな下曽我に引っ越さなければ、生まれなかった。

「虫のいろいろ」の冒頭付近に、「今、四年目に入ってゐる私の病気も、一進一退といふのが、どうやら、進の方が優勢らしく、春は春、秋は秋と、年毎の比較が、どうも香ばしくない」という文章がある。

ここでも「私」は、一日の大半を横になって過ごしている。三作ともぜんぶ同じ話のようにおもうかもしれないが、そこがいいのである。

私がこの世に生れたその時から私と組んで二人三脚をつづけて来た「死」といふ奴、たのんだわけでもないのに四十八年間、黙って私と一緒に歩いて来た死といふもの、そいつの相貌が、この頃何かしきりと気にかかる。どうも何だか、いやに横風なつらをしてゐるのだ。

「私」は、ずっと「二人三脚をつづけて来た『死』」にたいし、「怒らしたら損」と考えていた。どうしても死といっしょに歩むことが避けられないのであれば、「じたばたしようとしまいと同じ」と腹をくくる。

この考え方も、「病気相手の立廻り」のコツといえるだろう。

「虫のいろいろ」の「私」は、「神経痛やロイマチス（リューマチ）の痛み」に悩んでいた。肩の凝りがつらいときは、やはり妻や長女にもんでもらった。長女と学校のことやらなんやら平凡な会話をする。ひょんなことから、「宇宙は有限か、無限か」と質問される。「私」はついつい考えこんでしまう。

――われわれの宇宙席次ともいふべきものは、いつたいどこにあるのか。時間と空間の、われわれはいつたいどこにひつかかつてゐるのだ。そいつをわれわれは自分自身で知ることが出来るのか出来ないのか。

「私」は、誰にも立ち入らせない小さな部屋の中で思索にふける。ときには、故人と会話を交わすこともあった。

尾崎一雄の『沢がに』(皆美社、一九七〇年)に「生きる」いう随筆がある。

巨大な時間の中の、たつた何十年といふわづかなくぎりのうちに、偶然在ることを共にした生きもの、植物、石――何でもいいが、すべてそれらのものとの交はりは、それがいつ断たれるかわからぬだけに、切なるものがある。在ることを共にしたすべてのものと、できるだけ深く濃く交はること、それがせめて私の生きることだと思つてゐる。

「生きる」は、尾崎一雄が六十三歳のときの文章だ。生存五ヶ年計画から二十年ちかい月日が流れている。

この随筆では、自分のことを「巨大な空間と時間の面に、一瞬浮かんだアワの一粒」ととらえ、自分の意志とは無関係に、生かし、死なす力についておもいをはせている。その力は何かはわからない。尾崎一雄は、そんなことを小さな部屋の中で考え続けた。

――私は退屈といふことを知らない。何でも面白い。――

四十代の半ばに生存五ヶ年計画を立てた尾崎一雄は、一九八三年三月三十一日に世を去った。八十三歳。余命三年といわれてから四十年ちかくも生きた。さらに、晩年まで現役の作家として健筆をふるい、神奈川近代文学館の設立にも尽力した。

この先もまだまだ尾崎一雄が自分と同じくらいの年齢のときに、小さな部屋で何を考えていたかを知る楽しみがある。そういう作家がいてくれることは、ほんとうにありがたい。

「下流中年」の生きる道

バブル崩壊後の失われた十年は、やがて二十年といわれるようになった。二〇〇〇年前後、就職氷河期のもっともひどかった時期に社会に出た人たちが今、四十歳前後になっている。彼らは、社会に出てからずっと下り坂で、右肩上がりの時代を知らない。

もちろん、就職氷河期にもちゃんとした会社に就職している人、フリーターで充実した日々を送っている人もいる。世代の問題は、簡単に一括りにできないから、ややこしい。

山田昌弘著『底辺への競争——格差放置社会ニッポンの末路』（朝日新書、二〇一七年）は、今の日本の中年が「隠れ下流」化している現状を分析した本である。

山田昌弘の定義によると、「下流とは『最低限の生活はできるけれども、いまよりも裕福になること（上昇移動＝中流になること）が期待できない状態』のこと」。今の日本では、たとえ現在は安定した生活を送っていたとしても、いつ下流になるかわからないため、中流を維持するための競争にみなが駆り立てられている。こうした「底辺への競争」は、「いまの40歳前後、アラフォー世代が若者だった20年ほど前から始まった」らしい。

一九九〇年代初頭――バブル経済がはじけ、経済成長が止まり、年功序列・終身雇用のシステムが壊れはじめた。非正規社員、フリーターが増加したのもそのころだ。当時は正社員でなくても、親と同居していれば、それなりの生活水準を維持することができた。

わたしは一九六九年生まれで、社会に出たのが、ちょうどバブル崩壊の時期と重なっている（しかも大学を中退し、フリーライターになるという堅実とはほど遠い道を選んでしまった）。

そもそも中流は目指すものではなかった。むしろ安定した生活なんて退屈だとすらおもっていたし、人生は一度きり、好きなことを気がすむまでやるのが正しい生き方だと信じて疑わなかった。三十歳くらいまではふらふらしていても大丈夫という空気もあった。

同じようなプータロー生活を送っているにもかかわらず、十歳ほど下の就職氷河期世代と話が嚙み合わなかったのは、中流にたいする感覚、現状にたいする危機感のちがいもあったのかもしれない。

現在の40歳前後、いわゆるアラフォーは、就職が厳しい最初の世代であることを背景にして、家族状況に関しても就業状況に関しても、非常に多様な形態を取っている世代になっています。

本書によれば、二〇三〇年には現在アラフォーの〝新中年〟のうち、三人にひとりが「配偶者なし」になるというデータがある。さらに「戦後型家族」、つまり「夫が正規雇用で、妻がパートか専業主婦で子どもを育てている」アラフォーにも転落のリスクが高まっているという。正社員だからといって収入が安定して伸び続ける時代ではなく、社会保険料などの負担が増え、子どもの教育費や親の介護の問題も重くのしかかる。かならずしも、将来は安泰ではない。

> 戦後型家族を維持・形成できているいまのアラフォー世代のうち、今後、子どもの大学の学費を負担できて親も大丈夫で、経済的にすべてがうまくいって老後も過ごせるという層は、全体の半分もいないのではないでしょうか。

過酷な底辺への競争から脱するには、「制度面でも心理面でも一本ではなく、何本ものレールを持っている社会に変わることが不可欠です」と山田昌弘はいう。さらにアラフォー世代がいかに将来の不安を回避できるかについてもいろいろ提言しているのだが、その前にもう一冊、中年の転落の危機を論じた本を紹介したい。

雨宮《あまみや》処凛《かりん》・萱野《かやの》稔人《としひと》・赤木智弘・阿部彩・池上正樹・加藤順子《よりこ》著『下流中年――一億総貧困化の行方』（SB新書、二〇一六年）である。

本書によれば、下流化で問題になるのは、生活水準の低下だけではない。収録された雨宮処凛と萱野稔人の対談では、不寛容が蔓延することの危険性を語っている。ヘイトスピーチや生活保護バッシングもそうした一例だ。日本の経済成長が停滞し、「パイが縮小している現実」によって、弱者に優しくといった従来のリベラルの主張が通りにくくなった。

いっぽう貧乏くじを引かされた〝ロスジェネ世代〟の状況は、何も改善されず、放置されてきた（おそらくその傾向は今後も続くとおもわれる）。

萱野稔人は、「パイの縮小に無自覚なところから発せられる『差別をなくせ』というメッセージは、何を言っても全部きれいごとに聞こえざるをえないと思います」と語る。社会に余裕があれば、困っている人たちを満遍なく助けることができる。しかし、余裕が失われてしまうと、そうした「きれいごと」の実現がむずかしくなる。

『下流中年』所収の社会政策学者・阿部彩へのインタビュー「それでも、『下流転落』に脅えることなかれ」も、読みごたえがあり、考えさせられる内容だった。

> 中年層は、活き活きとして働ける場がないと、決してハッピーにはなれません。（略）社会で自らの役割や居場所があり、そこで自分の能力を発揮できる。そういった職場がある

―ことが、中年層には大事です。―

わたしもそういう社会が心から望ましいとおもっている。しかし、今の日本にそういう職場はどのくらいあるのか。むしろ、どんどん減っているような気がする。

だからこそ「下流中年」に転落することを怖れて、多くの人が「自分の生活は守らなくちゃ」と「生活防衛」に走る。すると、「他人のことなど構っていられないというマインド」が強くなる。阿部彩も、そのことで困るのが、「社会の底辺に置かれた人々」だと指摘する。

たぶん、不自由な生活から這い上がるためには、他人のことなど構っていられないという時期は避けて通れない。どうにかこうにか安定を得たとしても、こんどは今の生活レベルを下げたくないと考えるようになる。

こうした生活防衛の根底には不安がある。

すこし生活が落ち着いたくらいでは、将来の不安は解消されない。失業や病気、ケガをすれば、中流から転落する。不安があるかぎり、いつまで経っても余裕は生まれない。

『底辺への競争』では、「最大の不安は『働けなくなる』こと」と述べる。

―つまり、働けなくなったときに必要となる余分なお金をもっておくために、みなが必死―

になって働いていて、お金を使わずに貯めているというのが、今日の日本社会の状況であるともいえるわけです。

働けなくなったときの蓄えがない人は転落してしまう。下流中年も中流中年もそのことに怯えながら生きている。

『底辺への競争』にしても『下流中年』にしても、読めば読むほど、中年の将来には出口の見えない困難が待ち受けているようにおもえてきて、宵越しの銭は持たねえといった気分は消え去り、生活防衛に走りたくなる。その結果、パイの縮小が起こり、他者への寛容性が失われ、生きにくい世の中になる。ヘタをすると、下流中年の問題を世に問うこと自体が、下流中年を増やしてしまうことにもなりかねない。

最近、「人生百年時代をどうするか」みたいな特集を組む雑誌をよく見かけるが、こうした記事も不安を蔓延させている気がしてならない。

『下流中年』の「それでも、『下流転落』に脅えることなかれ」は、「人々が安心して働き、助け合い、はげまし合って暮らして行けるような社会をめざすことがいまこそ大事ではないでしょうか」と結ばれる。

『底辺への競争』には、「私たちは、お金に余裕がなくても家族がいなくても『好きな人と楽しいコミュニケーションを取り続けることができる社会』をめざすべきではないでしょうか」とある。

どちらも素晴らしい理想だ。でも、そうした人と人のつながりが壊れてしまったからこそ、転落しやすい世の中になったともいえる。

どんな時代であっても、特別な才能があったり、限界を超えるような努力をしたり、数々の幸運が重なれば、不遇な境遇から脱することはできるだろう。

世の中にはハードワークによって成功している人たちがいる。特別な才能、あるいは強靭な肉体と精神力の持ち主からすれば、下流中年の嘆きなど、単なる甘えにすぎない。しかし、強者の論理は誰にでも通じるわけではない。そうした幸運に恵まれなかった人はどうすればいいのか。

困っているとき、弱っているときの叱咤激励は、逆効果になることもある。自分でもわかっていることをくどくどいわれるのはつらい。

落語の世界のような明るく気楽な貧乏もあるとおもうし、今の時代にだって、貧乏でもお金のかからない趣味があって、遊び仲間がいて、楽しく生きている人たちはいる。

貧乏でも幸せな人たちは、人一倍貧しさにたいする耐性があって、周囲の評価を突っぱねられるだけの自分の価値観を持っていることが多い。それはそれでけっこう難易度が高いのだが、わたしは貧乏耐性を身につけ、底辺とか下流といった言葉にふりまわされない強い自我を持つことが、下流中年の生きる道のひとつになりうるとおもっている。

制度や社会やシステムのせいにしたところで下流中年の現状は変わらない。制度の改革には時間がかかる。格差や不平等は有史以来の難問であり、自分の生きているうちに解決するかどうかもわからない。十年、二十年、いや、百年くらいかかるかもしれない。そのあいだにも人は年をとる。

今、自分がいる場所で、小さなことからでもいいから生活の改善を試みる。世直しと自分直しでいえば、まずは自分から——というのが、わたしの考えだ。下流中年の問題は、個人は個人、社会は社会とそれぞれ別々の処方箋が必要なのではないか。

これからの社会に何か望むとすれば、最低限のセーフティネット——仮に一文無しになって、頼れる知り合いがいなくても（面倒な手続きなしに）雨風がしのげる住居と食事が保証される避難所のような場所の提供である。

生活保護という制度があるといっても、ちゃんと受給できるかどうかわからない。

もし自分が転落したなら、気力と体力を回復するための場がほしい。欲をいえば、部屋は個室がいい。今の日本の空き家率や食品の廃棄量を考えれば、十分可能な気がする。

すこし前に、日本では生活苦に陥った高齢者がわざと犯罪をおかして刑務所に入るケースが増えているというニュースがあった。刑務所が無料の老人ホーム化しているという論調だった。下流中年が老後を迎えたとき、日本でもっとも整備されたセーフティネットが刑務所というのは、いくらなんでもまずい。

貧困問題の中でも、早急に対処すべき課題だとおもう。

中年フリーランスの壁

最近、中年の同業者と飲むと、竹熊健太郎著『フリーランス、40歳の壁——自由業者は、どうして40歳から仕事が減るのか?』（ダイヤモンド社、二〇一八年）の話になる。

ライター、編集者として独自の道を歩んできた竹熊健太郎のフリーランス人生が綴られた本で、とみさわ昭仁《あきひと》、杉森昌武《まさたけ》、田中圭一、ＦＲＯＧＭＡＮ、都築響一へのインタビューも収録している。

フリーランスには「40歳の壁」がある。会社勤めの人にとっても四十歳の壁はあるだろう。業種によっては、三十歳の壁のほうが厳しいこともある。さらにその壁の先が安住の地とはかぎらない。

ただし年齢に関係なく、フリーランスの生活は不安定だし、将来の保証は何もない。部屋も借りにくいし、クレジットカードを作るのも一苦労だ。

わたしは学生時代からフリーライターをはじめ、一度も就職していない。子どものころから朝起きるのが苦手で、今は朝寝昼起の生活をしている（しかも睡眠時間がどんどんうしろにズレる）。協調性もない。おまけに虚弱体質。竹熊健太郎の言葉を借りれば、「なるべくして、なってしまう」「否応なく、そうならざるを得ない」かんじでフリーランスの道を選んだ。

わたしが四十歳になったのは二〇〇九年の秋。前年にリーマン・ショックが起き、田舎の親の老後の問題も浮上し、この先、どうなるのかと途方に暮れた。

もちろん、それまでにも何度か壁はあった。二十代半ばから三十歳ごろまでの五年くらいの間、仕事がなくて、アルバイトや古本のせどりで食いつないでいたこともある（今のところ、この時期がいちばんしんどかった）。

そのころ感銘を受けた本が、竹熊健太郎による〝オタク文化論〟『私とハルマゲドン――おたくと宗教としてのオウム真理教』（ちくま文庫、太田出版版は一九九五年刊）である。

この本の中で竹熊健太郎が提唱している「変な時間」を過ごし、「変な人」になって、「変の道」を歩む――という教えに、二十代後半のわたしは少なからぬ影響を受けた。フリーランスは、人と同じことをやっていても食っていけない。人気ジャンルは競争が激しい。誰から見てもわかるような才能がない人間は、変の道に活路を見いだすしかない。

――おれはいまでも〝素人〟なのだが、もちろん生活の問題もあるから締め切りは（遅れるけど）

ど）一応守るし、それなりの結果になるよう努力もするから仕事も来る。税金もちゃんと払っている。世間的にはおれは〝大人〟である。

しかし、おれは自分を主観的には〝子供〟だと考えているのだ。というのは、おれが現在やっている仕事は全部過渡的なものだと思っているからである。では本当の仕事はなんなのかというと、よくわからない。

一九九五年、六〇年生まれの竹熊健太郎は三十代半ばで、出版業界にはまだ活気があった。だが、四十歳を過ぎたころから、目に見えて仕事が減ってしまう。

四十歳というのは若くもなく、かといってベテランというほどの貫禄もない、中途半端な扱いづらい年齢である。とくに就職経験のないフリーランスは、中年になっても社会のルールやしきたりを知らず、マイペースで面倒くさい人間が多い。

若いころなら、しょうがないなあと笑って許されたことが、中年になるとそうもいかなくなる。自分では若いつもりでもまわりはそう受け止めてくれない。

『フリーランス、40歳の壁』で竹熊健太郎は、四十歳で仕事が減った理由を次のように述べている。

①「マンガ評論家」の仕事に嫌気が差して、断り続けたこと。
②依頼元（出版社）の担当編集者が、年下になっていたこと。

とくに②の担当編集者が年下になる問題は、四十代以上のフリーランスの人なら身におぼえがあるのではないか。

わたしが仕事をはじめたころ、当時、出入りしていた編集部で最年長のフリーライターが四十歳くらいだった。四十代になると、編集プロダクションを作ったり、アンカーマン（雑誌の取材記事を最後にまとめる人）になったりする人も多かった。年々、同世代の同業者の知り合いがいなくなる。長年付き合っている編集者が郷里に帰ったり、転職したりすることもある。

40代になるとそろそろ編集長になる人も出てきます。編集長は管理職ですから、現場でフリーと接することは、基本的にはありません。

では、どうすればいいのか。

その前にもう一冊、上田惣子《そうこ》著『マンガ 自営業の老後』（文響社、二〇一七年）という本を紹介したい。竹熊健太郎の本とあわせて読むと、ものすごく勉強になるとおもう（テーマも重なっている)。

フリーランスには、ひとつの仕事をこつこつと続けられる「職人タイプ」と、常に新しいテーマや手法を開拓しようとする「芸術家タイプ」がいる。竹熊健太郎は「芸術的才能に乏しい芸術家タイプ」と自認している。いっぽう上田惣子は「細く長く仕事を続けること」が目標の職人タイプである。

上田惣子は二十五歳くらいからイラストレーターの仕事をはじめ、この本の刊行時は五十三歳。どんな依頼も断らず、しめきりはかならず守る。仕事相手にたいしては常に「温厚対応」。しかし、四十歳のときに大病を患う。入院、手術を経て、一年弱で復帰したところ「仕事がこない」。PCで内職のサイトに登録するも、「気がつけば／銀行のお金もすごく減ってた」。焦りがつのる。

――――

ほら、自転車って一度止まるとまた漕ぎ出すのに力がいるじゃないですか

自営業ってそれと同じだと思うんです

――――

年収がピークのときの半分、やがて三分の一以下に。ある日、書店に行き、自分が関わった本が一冊もないことに気づき、自分の現状を痛感する。

「自営業は仕事が来なければ無職／依頼がなくなったら廃業」——この言葉はぐさっときましたね。「細く長く食っていける『職人』」を目指していた上田惣子の仕事が減った理由は病気で休業したことが大きい。それから「私に依頼してくれていた編集者たちが、どんどん偉くなって、現場から離れたというのも原因として考えられる」とも……。

年下の担当者問題は、四十代のフリーランスが避けて通れない道なのかもしれない。

『マンガ 自営業の老後』でもっとも共感したのは、上田惣子が「生粋の年金未納者」だったことだ。わたしもそうなので……。

今は十年払い込めば国民年金を受け取れるが、かつては二十五年だった。しかも二年分くらい一度に請求される（分割できる場合もあるようだが）。

この本では年金の専門家に取材していて、「明日行きなさい」「行くのは国民年金課」と国民年金への加入をすすめられている。無年金者のほとんどが自営業の人らしい。まあそうでしょうとも。

さらにこの専門家によると、小規模企業共済（掛金上限七万円／月）と国民年金基金（六十歳までは掛金上限六万八千円／月）にも「少額でも入っておきなさい」とのこと。いずれも全額、所得控除になるそうだ。

上田惣子には同業のパートナーがいて、持ち家のローンも完済している。ただし、住宅ローンの審査ではフリーランスゆえに苦労していて、本書では住宅ローンや保険などについても描かれている。「青色申告」の解説はとくに勉強になった（わたしは税金に関しても四十八歳現在、無知のままだ）。

健康とお金——このふたつの問題が中年フリーランスの前に大きく立ちはだかっている。

竹熊健太郎も四十代半ばにカード破産寸前という状況に陥るなど、綱渡りの生活を続けていた。二〇〇六年、四十六歳のときには脳梗塞で倒れている。幸か不幸か抱えていた借金は、脳梗塞の保険金でほぼ完済。二〇〇七年、京都精華大学マンガ学部の客員教授として招聘され、翌年には常勤の専任教授の話がくる。

これで一安心かとおもいきやそうではなかった。常勤になったとたん、講義以外の「事務仕事」が激増し、心身ともに消耗してしまう。心療内科を訪れた結果、軽度の発達障害と適応障害であることが判明する。

本人も薄々そうかもしれないとおもっていたようだ。

発達障害の人の話を聞くと、みなさん同じです。まず、ふたつのことが同時にできない。ひとつの仕事が終わるまで、次の仕事に手がつけられないのです。（略）

かくして、兼業とか、ふたつの仕事を同時にやる状況は、私には無理だった、というこ

――とが50歳でわかったわけです。――

こうして竹熊健太郎は大学教授の職をやめてしまう。

中年フリーランスの不安は、病気やお金や老後だけではない。むしろ、不安そのものが、中年フリーランスの壁になるのではないか。

『マンガ 自営業の老後』は、この不安に関するアドバイスとしても有用な本だ。

そもそも安定した生活を望むなら、フリーランスにはならない。とはいえ、同じペースで同じような仕事を続けられるフリーランスは、幸運な例外だろう。

上田惣子が取材した公認会計士は、「人生のピークは60歳だと思っています」といい、「将来の憂いをなくすには一段上のことをしないと！」「未来の自分に何を渡せるか考えるのもいいですね」と語っている。

仕事が減る。将来に不安をおぼえる。そのときにちょっとした発想の転換ができるかどうか。目先の仕事だけでなく、次の仕事を考えられるか。

竹熊健太郎はスランプのどん底だった四十四歳のときに、「たけくまメモ」というブログをはじめている。

少なくとも私は、ブログを書き続けたことで、40歳以降におちいっていたスランプから脱出することができました。なによりも、私の健在がアピールできたことで、減っていたライター仕事が、少しずつ増えてきたのです。

四十歳の壁は、不安のせいで余裕をなくし、未来のことを考える時間や、この先やりたいことに取りかかるためのエネルギーを失いやすい状況そのものともいえる。

わたしがフリーランス生活の中で心がけているのは、寝不足で仕事をしないことだ。とにかく睡眠をとる。不安や焦りをおぼえたら、今、自分は疲れていると考えるようにしている。

一眠りしたら、区役所で年金のことを相談してこようとおもっている。

色川武大、「心臓破り」の五十路

色川武大は本名で純文学、阿佐田哲也名義でギャンブル小説を書き分けているが、（当然、同一人物であるから）人生観は共通している。

五十代以降の色川武大は純文学に専念しようとおもっていたが、多趣味かつ交友範囲の広さから、多忙な日々に追われていた。

二〇一七年、色川武大の単行本・全集未収録の随筆を集めた『戦争育ちの放埒病《ほうらつびょう》』（幻戯書房）が刊行された。その中に「老いの第一歩」というエッセイがある。

いつまでも若いつもりでいたが、体力が落ち、大病もした。しばらく仕事をやめて勉学に打ち込みたい。五十歳を過ぎたばかりの色川武大はそんな心境を綴っている。

――勉学するさえ、残されたわずかな時間から逆算してみれば、まとまった時間をとることは許されない。――

色川武大は、川端康成文学賞を受賞した『百』（新潮文庫、単行本は一九八二年刊）の表題作でも同様の文章を書いている。

五十年の間、あれこれやってきたことは、ただ伸びひろがって拡散していくばかりで、少しもまとまりがつかない。おそらく父親も似たようなものだろう。八十年も九十年も生きても、まだ途中だというだけで、なんのまとまりもつかない日々なのだろう。

続けて『いずれ我が身も』（中公文庫、二〇〇四年）をパラパラ読んでいたら、「たったひとつの選択」というエッセイが目にとまった。

私が何歳まで生きることができるか知らないが、たとえ何歳まで生きるにせよ、私の仕事である小説を書くという作業に必要なコンディションを維持するには、六十歳までくらいが限度であろう。

このエッセイを書いた一九八三年、色川武大は五十四歳。還暦まで残り五、六年――万全な状態で仕事ができる年数は残りわずかだ。

するど、五年以内でまとまるようなテーマだけを手がけていくべきなのであるか。

それとも、終点のことは考えず、あくまで十年がかりの仕事を手がけていって、途中で討死するのが人らしいことなのか。

いずれにせよ、一生をかけて、自分は何かを実らせるというところまでは行きつかないらしい。


わたしは二〇一八年の秋に四十九歳、ようやく中年生活にも慣れつつある。三十代後半くらいに不安だった体力の衰えは、たいしたことではないとおもうようになった。徹夜がきついなんて当たり前だし、別にしたくもない。疲れがとれないのもしょうがないと諦めればいいだけの話だ。

しかし、もう若くはないとおもうからこそ、今のうちにできることをやっておきたいという気にはなる。ところが、手を広げすぎると収拾がつかなくなる。何をどこまでやるか、やらないか。今のわたしは、その答えが出せないまま立ちつくしているかんじだ。

『引越貧乏』（新潮文庫、単行本は一九八九年刊）は、色川武大が五十代に入ってから書きはじめた連作小説であり、所収の短篇のひとつ「五十歳記念」はこんなふうにはじまる。

とうとう、五十歳に手が届いてしまった。ことあらためて考えてみれば、たしかにそのとおりであるが、私は子供を造らなかったから、平素は自分が何歳だということを意識してふるまっているわけではない。

「立《たっ》歩《ぷ》老人」「五十歳記念」は終始ユーモアまじりの筆致で書かれたエッセイのような小説だ。作中、「立歩老人」という七十歳の浅草のコメディアンが登場する。
ふだんは地方都市で隠居していて、上京すると色川武大の仕事場に泊まる。

立歩老人は、余生を好きなことだけやって過すのだといって、とうとう我が家を出奔《しゅっぽん》してしまい、ワンルームのアパートを借りて、生活保護を貰い、マイペースの日を送っている。糖尿、肝臓、血圧、結石の薬を呑み、不眠不休で呑み廻って、肺炎と中耳炎になり、しかも楽しそうである。

立歩老人の生き方の是非はさておき、「しかも楽しそうである」という一文を読み、将来の不安のようなものがすこし軽減した。だけど、「好きなことだけやって過す」ことのむずかしさに戸惑う。

実は、立歩老人にはモデルがいる。『喰いたい放題』（光文社文庫ほか、潮出版社版は一九八四年刊）の「大喰いでなければ」に次のような一節がある。

青山に仕事部屋を持っていた頃、いろいろな知人が現われて泊っていく。その中の一人に、古いコメディアンで鈴木桂介さんという老人が居た。仙台で、カミさんも息子たちも立派に仕事を持っていて楽隠居の身分なのだが、俳優さんというものは、若い頃に勝手なことをして素行がおさまらない人が多かったから、おおむね家族に尊敬されていない。

七十歳にして毎日ウイスキーを一本ぐらいあける。酔っぱらうと、「明け方、突然タップダンスを踊り」出す。ただし、小柄で大食いだけはしなかったようだ。

『あちゃらかぱいッ』（河出文庫ほか、文藝春秋版は一九八七年刊）には、鈴木桂介は新潟の大地主の八男、「日本俳優学校の出身で新劇に身をおいたこともあるのだが、そういう伝統的な役者の教養のようなものは、レビューの世界では何も物をいわなかったにちがいない」とある。やはり立歩老人の登場する『引越貧乏』所収の「心臓破り」は五十代の色川文学の傑作のひとつだろう。

「私」は五十代になって、「喜怒哀楽の趣きが淡くなった。たいがいのことは大同小異だと思う。そのくせ、自分が自分でしかないことが、なんだか取り返しがつかないことをしたようで面白くない」とぼやく。

あるとき知り合いの翻訳家の茶喜《さき》さんという七十歳をはるかに越えた老人の死を知らされる。麻雀をしている最中、牌《ぱい》をつもりながら息絶えたらしい。

茶喜さんの「機嫌よく遊んでいて、身体の不調を意識する閑もなく」迎えた最期に、「私」は「理想的な死に方」「実にどうも、奇蹟に近い」と感慨を述べる。

「私」は立歩老人をはじめ仲間たちに「畳の上で死なない会」という会を作ることを提案して、どうやって死ぬのが楽かと雑談をする。その中で、「心臓が強いとなかなかすっとは死ねないね。弱い人が三の苦しみのところを、五も六も苦を増すことになる」という意見が出る。

「まァ、なんだ。お互いにこの年齢になったら、自分で気をつけて、心臓は弱くしとかなくちゃいけないってわけだな。でないと、無駄に踏んばっちゃう」

「どうすりゃ、弱くなりますね」

「やっぱり、鍛練でしょう」

心臓を弱くする「鍛練」としては、「暴飲暴食」がいい、いや、「ばくち」がいいのではない

かといった冗談まじりの意見が飛び交い、「なんといったって、仕事さ。身体にわるいのは。人間は仕事さえやらなきゃ死なないと思うね」と……。

阿佐田哲也名義の「ぽっくりと逝きたい」（『三博四食五眠』幻戯書房、二〇一七年）というエッセイも同じような話である。五十八歳のときの文章だ。

目下の私の健康法は、長生きするためというよりは、永患いをしないように、というのがポイントである。

永患いは辛い。逝くならぽっくりと逝きたい。そうするためには、まず心臓をわるくしなければならない。心臓が丈夫だと、とかく死線を彷徨する。あれがよくない。

色川武大は、心臓を弱めることで楽に死ねると考えていた。色さんファンのわたしは当然その最期を知っている。読んでいて、胸中、複雑だ。心臓にわるい。

「節制しても五十歩百歩」。これも色川武大の言葉だ。『いずれ我が身も』の中にそんな題のエッセイがあったような……と探してみたが見当たらない。『ばれてもともと』（文藝春秋、一九八九年）のほうにあった。

――人は健康のために生きているわけじゃない。生きるために健康でありたいだけだ。（略）自然に、元気で、長生きするならどこまでも生きたいが、無理に枝を矯《た》めてまでして長生きしなくてよろしい。――

阿佐田哲也名義の『無芸大食大睡眠』（集英社文庫、双葉社版は一九八三年刊）の「書き初めに一言」という五十三歳のときに書いたエッセイで、色川武大はすでに「死に方」について考えている。話は愚痴からはじまる。

――書き初めから、かようなことは書きたくないけれど、私はもう駄目です。もう疲れた。もう隠居したい。――

二歳上の結城昌治から届いた年賀状にも「隠居したい」と書いてあったらしい。色川武大は「もっと働いている他の作家は、いったい疲れというものを知らないのだろうか」と不思議におもう。そして、隠居の話から、いつの間にか死の話に――

――私は、どういう死に方をするか、ということが、やっとこの年齢になって、おぼろげな――

——がら推察できるようになってきた。

その推察は予想どおりというべきか、なんというか。

——たとえば、ヤケ呑みをして心臓発作をおこすとか、薬を打ちまくるとか。——

ところで、『引越貧乏』はもともと「五十歳記念」という題で単行本になるはずだった。ところが、作者の遅筆が理由で〝還暦記念〟に変更せざるをえなくなり、表題作の「引越貧乏」の脱稿は一九八九年一月十日——

その数ヶ月後、色川武大は岩手県一関市に引っ越した。一関市になじみのジャズ喫茶ベイシーがあったことが、その理由といわれている。

色川武大が亡くなったのは一九八九年四月十日。一関市に引っ越してまもなく心筋梗塞で倒れ、入院中、心臓破裂で死去した。享年六十。

はたしてこの「終点」を予見していたのかどうか。

わたしは色川・阿佐田作品を通読し、言霊を信じるようになった。文学は怖い。

〃新中年〃に学ぶ

四十九歳ともなれば、中年のベテランとまではいかないが、さすがに入門は卒業したのではないか。

四十歳前後のころはまだ中年の自覚がなく、これから自分の身にどんな変化が起こるのかわからなくて不安だった。しかし、もはや自分が中年であることは疑いようもない。たぶん慣れも大きい。

最近、小さな字を読むときには眼鏡を外せばいいということを学んだ。書くときも同様。老眼鏡を買うかどうか迷う。

若いころと比べると、疲れやすくなった分、無理もしなくなった。今おもうと、若いからといってそのエネルギーを有効に利用できていたわけではない。むしろ、ひたすら右往左往して消費していたにすぎない。それができるのが若いということなのだろう。

からだは重くなったが、心は軽い。中年のセカンド・ウインド期に入ったのかもしれない。

ジェーン・スー著『貴様いつまで女子でいるつもりだ問題』（幻冬舎文庫、単行本は二〇一四年刊）を読んでいたら、中年になりたてのころの戸惑いをおもいだした。ジェーン・スーは一九七三年生まれ。四十一歳のときに刊行した同書で、講談社エッセイ賞を受賞。音楽プロデューサー、作詞家、コラムニスト、ラジオパーソナリティなど、多方面で活躍中である。

最初、タイトルを見たとき、いわゆる辛口のコラムを想像していたのだが、そうではなかった。弱さや幼さをふくめた人間のあり方を肯定しようという意志が文章の端々からにじみ出ている。年を重ねていくことについて世間の見方と自分の実感の隔たりを正確に測り、公正なスタンスを心がけている。だから、ややくだけた文章なのに説得力がある。

四十代になったジェーン・スーは三十代をふりかえり、「三十路の心得十箇条」を提唱する。「その三、最初の五年で幹を伸ばし、次の五年で枝を剪定《せんてい》すべし」は卓見だろう。

三十代前半は体力があるから無理ができる。大人ぶって守りに入るのはまだ早い。それよりも「まずは幹を太らせましょう」と奨励し、「無駄を削いでいくのは三十五歳からで十分」と助言する。昔の自分に教えたい。

それから「その七、愛されるより愛すべしマジで」は、恋愛の話かとおもいきや中年論でもあった。

三十過ぎたら恋愛でも仕事でも、相手から先に心を開いて貰えることがどんどん少なくなっていきます。なぜか？　もう子供でも新人でもないからです。（略）誰かがなにかをしてくれると思っても、もう誰もなんにもしてくれません。だって、もう「誰かになにかをしてあげる」側に役が替わっているのですから。

一度も定職につかず、フリーライター兼フリーター生活を送っていたわたしがそのことに気づいたのは、四十代になってからである。遅い。しかも若くもなく、これといった経験や実績のない身としては、「誰かになにかをしてあげる」側になれる自信がない。かといって、いつまでも育ててもらえる立場に居続けられない。逆に人に仕事を教える機会も増える。

わたしが中年の入り口あたりで困惑したのは若手の気分が抜けていなかったこともあるだろう。自分の役割の変化についていけなかったのだ。

ジェーン・スーは、「とあるゲームの攻略法」で「男社会」における女性の働きにくさを論じ、文句をいうのでも、共感を求めるのでもなく、ひたすら解決の道を探る。本書の中でも渾身のコラムのひとつだ。中年男性も読むべき。

ジェーン・スーは、良識あるいは分別を大切にしている。でも、まったく押しつけがましくない。自分の大人になりきれなさも隠さない。

大人になろうとして、人は心の中の子どもを抑圧してしまう。「小さな女の子救出作戦」では、そのマイナス面にも触れている。何かを見て「可愛い」とおもう。なんてことのない一言に傷つき、「さみしい」とかんじる。「小さな女の子」は大人になっても消えない。いや、消すべきではない。そういう気持を抑えてやりすごしていると、つまらない大人になってしまう。

いかにして大人の役割を身につけながら、子どもの部分を守っていくか。

そんなことを考えながら、ジェーン・スーの三作目『女の甲冑《かっちゅう》、着たり脱いだり毎日が戦《いくさ》なり。』（文春文庫、単行本は二〇一六年刊）を読んだ。

この本、文庫化されるまで未読だった。ファッションの本かなとおもい、手にとっていなかった。もちろんファッションの要素もあるのだが、まさかこれほどまでに素晴らしい中年本だったとは……。

「七分丈の憂鬱」はこんな話。二〇一五年の初夏のある日、七分丈のレギンスを買いに行ったところ、店員に「ありません」といわれる。よく見ると、街ではいている人を見かけない。いつの間にか知らないうちに、それが「時代遅れのファッション」になっていることを知る。

そもそも私にはファッションセンスがありません。流行にもうまく乗っかれないし、独自のスタイルも確立できないまま中年になりました。楽な状態にあることが、見栄えより

優先される場面が年々増えています。それでも、なにがINでなにがOUTかは、なんとなく受信できていた。しかし、2015年夏、とうとうそれができなくなりました。これを中年化と言わずしてなにを中年化と言おうか。

ここで「中年化」という言葉が出てくる。流行り廃りを受信する能力の衰えはファッションにかぎった話ではない。若いころは、好き嫌いとは関係なく、売れているものの理由がわかるような気がした。それが、ある日突然、なぜ売れているのか、わからなくなる。わたしの場合、音楽や漫画がそうだ。じっくり聴いたり読んだりすれば、わかるのかもしれないが、そもそもアンテナに引っかかってこないから手にとることもない。

中年期に入ったあたりから自分のわかる世界に安住し、変化を厭《いと》うようになった。そうこうするうちに、これまでわかっていたつもりだったものがピンとこなくなる。わからないからつまらない。これも中年化のあらわれだろう。

「働く女の隠し味」は、前著に続き、誰かになにかをしてあげる側に移行した中年が、部下とどう接していけばいいかについて教えてくれる。

学生時代の友人と酒を飲む。友人たちはそれぞれ部下を持つ立場だ。高校時代にいっしょに赤点をとった友人のひとりは、「旧型日本企業」で中間管理職についている。「出世志向」はないが、責任感は強い。

彼女には、部下と接する時に守るルールがあるのだそうです。曰く、部下の怠慢やミスが目に付きどんなに腹が立とうと、まず「いま私が完全に満ち足りた状態だったとしても、これを指摘し改善を要求するか」を考える。そして、それでもふるいに残ったものに限り注意する。それ以外には目をつぶる。

ジェーン・スーはその態度に、「なんと理知的なやり方でしょう」と感心する。世の中には腹が減っていたり疲れていたりするだけで、注意の仕方が変わってしまう上司もいる。

中年になると、好き嫌いや感情まかせで行動することが許されなくなる。自分のことばかり考えてもいられない。どんなに立場や役割に縛られたくないとおもっても、誰かになにかをしてあげる側のバトンはまわってくる。

自分の力で何とかするだけでなく、組織を円滑に運営したり、若い人の力を引き出したりする能力も問われる。感情をうまくコントロールできないタイプの人は上司に向いていない。ちょっとしたことで不機嫌をまき散らしたり、声を荒げたりする人がいると周囲の人間がものすごく消耗する。邪魔。

わたしも自分のおもいどおりにならないことにたいする耐性がない（空腹時にもイライラしがちだ）。そういう人が上司だと部下は困る。部下がいなくてよかった。

身辺の話題、芸能界（山田明子《はるこ》論、華原朋美論は出色！）、趣味、旅と、話題は多岐にわたる。

はじめのうちは自分より年下の〝新中年〟の戸惑いを微笑ましくおもいながら頁をめくっていたのだが、途中から完全に人生経験豊かな先輩の話をありがたく拝聴している気分になった。できれば十年くらい前に読みたかった。

ほかの作品も気になり、書店に行ったら、ジェーン・スー原作の『未中年——四十路から先、思い描いたことがなかったもので。』（漫画・ナナトエリ、新潮社、二〇一七年）という漫画があった。

主人公の片山亜弥は四十歳、編集プロダクション勤務で、気の強い上司と若い女性部下のあいだで板挟みにあっている。仕事が楽しいわけでもない。夫の仕事は不安定、マンションのローンがあるからやめるわけにもいかない。無自覚に自分を年齢で縛り、まわりからも年相応のふるまいを求められる。主人公は「40代たるみ問題」など、「老け」にも悩んでいる。

年齢なんて関係ないといいきりたいが、誰もがそんなふうに生きていけるわけではない。自分のやるべきことを自覚し、実行するためには乗り越えなくてはならない心の壁が無数に存在する。

頑張ってもうまくいかず、何もしないと状況は悪化していくばかり。

中年はままならない。

大人だからとおもって行動していたら、いつの間にか妥協案と安全策しか選択できない人間になっていることもある。これも中年の落とし穴だ。わたしもよくハマる。

この漫画の合間には、前出の二作の中年論のエッセンスを抽出したようなコラムも収録されている。

大人ってなんだろう?
ひとつ、言動に思慮分別があること。ひとつ、自立していること。ひとつ、社会的な責任が負えること。ひとつ、自分の気持ちに振り回されないこと。つまり、大人はあたふたしない。成熟していなくちゃ。なのに、いくつになっても自分の気持ちを持て余す。(略)
容れものだけが経年して、中身は未熟なところがまだら模様に残ってる。四十代って、まだまだそういう十年なのかもしれない。

『未中年』の最後のコラムでは「暫定的《ざんていてき》」と断りつつ、ジェーン・スーが中年になってたどりついた「生きていく上で、最も大切なこと」の答えが綴られている。

答えというより、覚悟といったほうがいいかもしれない。それは誰かに与えてもらうものではなく、甲冑を「着たり脱いだり」しながら戦い、つかみとるしかない。その大切なことが実践できたとしても、たいへんな日々は続く。でも、充実した人生を送るためには不可欠なものだ。その答えは『未中年』で確認してほしい。

中年のセカンド・ウインド期に入ったと余裕をこいていたわたしは、楽なほうに流されていたにすぎない。

まだまだ課題がいっぱいだ。まずは「完全に満ち足りた状態」を想像する練習からはじめたいとおもう。

「中年男」のライフ・コース

今の四十代――就職氷河期を経て、年功序列や終身雇用が崩れつつある時代に社会人の道を歩みはじめた人たちが中年になった。

わたしは彼らよりすこし先輩なのだが、中年になりたてのころは団塊の世代の同業者がまだ現役で、四十歳くらいのフリーライターは若手扱いされていた。

今の世の中、出版業界にかぎらず、あらゆる分野で若手扱いされる中年が増えている。子どものころおもいえがいていた大人になれていない。つまり大人になりきれない中年の問題が浮上している。

二〇一八年末、田中俊之と髭男爵《ひげだんしゃく》・山田ルイ53世の共著『中年男ルネッサンス』（イースト新書）が刊行された。この本、現代の中年本として読みごたえがあった。

山田ルイ53世は髭男爵という漫才コンビの片割れで、『一発屋芸人列伝』（新潮社、二〇一八年）など、作家としても活躍中だ。

同じ一九七五年生まれの田中俊之は、社会学とくに男性学の研究者で、『男が働かない、いいじゃないか!』(講談社+α新書、二〇一六年)など男性の働き方に関する著作もある。

その田中俊之が二〇一五年に刊行した『〈40男〉はなぜ嫌われるか』(イースト新書)を読み返していたら、「40男は夢をつかめるのか」という章で論じられている内容が『中年男ルネッサンス』に引き継がれていることに気づいた。

就職氷河期、そして超氷河期と呼ばれる時代に社会人になった「40男」には、「大企業と中小企業の区別だけではなく、正規と非正規という新たな線引きが加わった」。40男は人口の多い団塊ジュニアということもあって、少年時代からずっと競争にさらされている。二十代から三十代にかけては転職や独立によって、いわゆる「社会的な地位」を変えることができた。しかし、四十代になると、それもむずかしくなる。

> 40男は岐路に立たされている。道は出世コースとそれ以外だ。しかも、どちらの道を歩むかを自分で決めることもできなければ、後戻りすることもできない。

同書は「出世コース」から外れた40男について「競争に片が付いた」「ようやく、解放の時がやって来た」と前向きに考えるよう提案している。

出世コースから外れたとしても、結婚、子ども、マイホームという夢を叶え、「平凡」な幸せや「普通」の暮らしに感謝して生きる——かつての中年男性の多くは、そういう人生を送ることができた。

ところが、氷河期世代の中年には平凡や普通の難易度が上がっている。

それでも「40男は夢を持つ必要がある」と田中俊之は主張する。

——叶いもしない無謀な子どもっぽい夢ではなく、構想があり、実現に向けた計画が練られている「大人の夢」を持って欲しいのである。——

この章を読んで、「大人の夢」というのはいい言葉だなとおもった。

中年になって以来、わたしは生活の変化が少なくなり、というか、変化そのものが億劫になっている。もともと同じ店で同じメニューばかり注文してしまう傾向があったが、四十歳を過ぎたあたりから、行きつけの店以外にほとんど出入りしなくなった。夢や計画どころではなく、目先の仕事に追われ、気がつくと五十代が目前に迫っている。

同業の先輩たちから「四十代は、あっという間に過ぎるよ」と聞かされていたが、ほんとうにそのとおりだ。

山田ルイ53世は『中年男ルネッサンス』で、自分の芸人としての半生を次のように綴っている。

三〇過ぎで〝一発〟を当て、その一、二年後には失速。
「来年あたりには、もう一花咲かせてやる!!」
などと強がっているうちに気づけば四〇を超え、残った肩書きは一発屋……それが筆者である。

同世代の芸人の中には第一線で活躍している人たちがいる。後輩の芸人には次々と追い抜かれていく。現場のスタッフにも年下の人間が増えてきた。

続く章で、ふたりはこんな対話をしている。

山田　僕らってちょうど、上の世代にも下の世代にも寄せていかなきゃいけない立ち位置ですよね。しかも、下に寄せたところで「おっさんがすり寄ってきてるやん」って気持ち悪がられるリスクもあるでしょ(笑)。板挟みとも違う……板はあるけど、挟んでもらえない。おっさんが無理して若者言葉を使おうとする痛々しさ、みたいな。

田中　僕らが若い頃に、「それナウいの？」って聞いてきたおじさんと同じことになってしまいますね。

「板挟み」というのは、中年を語る上でよく使われてきたキーワードだ。家庭でも職場でも調整役のような立場になる。若者でもないし、かといって貫禄があるわけでもない。自分の限界のようなものも見えてくる。

田中俊之は、勤め人の友人から「本当は現場で働いているのが好きなのに、中年になってマネジメント職に就かなきゃいけないのが辛い」という愚痴をよく聞くそうだ。

いっぽう山田ルイ53世は、芸人としての自分は出世と外れた場所にいて、番組のMCになる候補の列には「並べてない」と語る。

この章の小見出しに「〝なれなかった後〟の人生をどう生きるか」という言葉がある。出世競争以外にも、趣味や生活を充実させたり、仕事の幅を広げたり、四十代の男性は多様な方向性を模索すべきだと、田中俊之は本書でも助言する。

田中俊之によると、社会学では「ライフ・サイクル論」でなく「ライフ・コース論」への転換が起こっているらしい。

ライフ・サイクル論は、標準的な人生のサイクルを設定して、それを基準に分析をする研究手法ですが、誰の人生も同じ規則性を持って推移するという前提が通用しなくなりました。だから、それぞれの人生の個別性や固有性に着目するライフ・コース論へ移行したんです。

たとえば、かつての中年像といえば、会社に勤め、結婚していて、子どもがいて——というような「標準」があった。今はその標準から外れてしまう人がどんどん増えている。

また、かつては仮に人付き合いが苦手な人でも手に職さえあれば暮らしていくことができたが、いわゆる第三次産業（サービス業など）が主流になると、社交は避けて通れない。

ここ数年、中年本が続々と刊行されている背景には、こうした社会の転換も関係しているのだろう。

自分が若かったころの上司のように、部下に無理難題をいったり、強めに叱咤激励したりすると、パワハラ、モラハラ認定される危険性もある。

さらに、今の中年男性は若いつもりでいる人が多い。それゆえ、四十代、五十代になっても「若い女の子と〝釣り合っている〟」と勘違いしての言動がセクハラになってしまうこともある。

田中俊之は、「ほとんどの中年男性は、竹野内豊さんや福山雅治さんではないわけですから、若い子から見たらおじさんは基本きもいもの、くらいの謙虚さを持っておくべきでしょうね」と警告する。

ふたりの対話からは、上の世代にも下の世代にも気をつかい、異性との接し方にも配慮することを心がける氷河期世代の中年男性像のようなものが見えてくる。素晴らしいことだけど、それで消耗してしまっているところもあるようだ。

氷河期世代の中年は就職活動で苦労した分、仕事にやりがいを強く求めがちな傾向もあるという。その結果、仕事に期待しすぎて、自分を苦しめることになる。

中学生のころから引きこもりになり、その後、芸人という不安定な職業を選んだ山田ルイ53世が「そもそも、『そんなに好きなことをやらなきゃダメなの?』という気持ちが僕にはあります。(略)僕の中ではもはや漫談化してるんですが、『そんなにイキイキしとかなあかんかね?』っていう」と問題提起すると、田中俊之は「仕事に期待しすぎなんじゃないかと思いますね。仕事は仕事で割り切って、それ以外の時間で好きなことをする、みたいな感じで全然いいと思います」と、これからの中年のあり方を提案する。

もうすこし上の世代からすれば、「仕事は仕事で割り切って」という考え方はそれほど珍しいものではなかったようにおもう。氷河期世代の前の世代くらいまでは、よっぽど何か問題を起こさないかぎり、定年まで収入が保証されていたし、燃え尽きないように働き、余暇を充実させるという生き方をしている人はけっこういた。

それに、おそらく今の中年にとっては、出世競争よりも生き残り競争のほうが熾烈なのではないか。いつ会社が潰れるか、いつリストラされるかもわからない。さらに新しい技術に慣れ親しんだ若い人が次から次へと参入してくる。

『〈40男〉はなぜ嫌われるか』で田中俊之は、現代の40男の複雑な境遇について、こんなふうにも述べている。

僕ら40男の内面に目を向ければ、男は家庭を顧みず仕事だけをしていればいいという「昭和的男らしさ」と、ワークとライフのバランスに気を使い、家事や育児も頑張ろうとする「平成的男らしさ」の狭間に生きている。「働いてさえいればいい」と開き直ることは難しいけれど、若い世代のようにさらりと家事・育児をこなせるわけではない。

上の世代のように働いて、下の世代のように家事や育児を頑張ろうとすれば、どこかで無理が生じてくる。だからこそ、仕事に依存しすぎず、うまく力を抜きながら、現実に則した大人の夢を持つ余力を残す技術、訓練が必要なのだ。

中年男の「ルネッサンス」は、もうすこし適当で気楽に暮らせる文化——働き方の再生を意味しているのかもしれない。

今の中年は平均寿命も延びているから余生も長い。「〝なれなかった後〟の人生をどう生きるか」は、現役時代だけでなく、その後も続く。

老後にももはや標準といえるようなライフ・サイクルは存在しない。

『中年男ルネッサンス』の最後の章で、ふたりは将来の不安の乗り越え方について語り合っている。どんな答えを導き出しているかは、読んでのお楽しみということで……。教えんのかーい。

「輝く中年」の孤独

四十代以降、東京住まいの友人が何人も郷里に帰った。子どもが生まれた、家業を継ぐ、親の介護など、理由は人それぞれ。たまに彼らの郷里に遊びに行くと、このまま東京暮らしを続けるべきなのかどうか考えさせられる。

あと何年働けるのか。この先も家賃を払い続ける暮らしが可能なのか。深夜、インターネットで地方の中古の一軒家情報をチェックすることが日課になっている。裕福な暮らしは望まないが、路頭に迷うことだけは避けたい。今の生活の延長線上に明るい未来が見えない。何かしらの変化が必要なのではないか。

そんなことを考えているときに神足《こうたり》裕司著『輝く中年の星になれ!』（講談社）を読んだ。刊行は一九九九年——

わたしは一九九〇年代に西原理恵子の『恨ミシュラン』（朝日新聞社）の共著者として神足裕司の名を知った。それ以前、一九八〇年代の神足裕司はいわゆる「流行屋」で若者文化の紹介をしていたが、三十歳を過ぎたあたりから、そうした仕事に虚しさをおぼえるようになる。神足裕司は一九五七年生まれ。ちょうどわたしのひとまわり年上だ。

「マル金」「マルビ」が流行語となったベストセラー、渡辺和博＋タラコプロダクションの『金魂巻――現代人気職業三十一の金持ビンボー人の表層と力と構造』（ちくま文庫、主婦の友社版は一九八四年刊）も神足裕司の共著である。ただし表紙には名前がなく、カバー袖の著者紹介は帯で隠れている。当時の神足裕司は若々しくキリッとした表情で別人みたいだ。さらに「横浜生まれの広島育ち」で、水球の「モスクワ五輪の候補選手となるが、不参加で失意の日々」というプロフィールも意外だった。

五十四歳のとき、神足裕司はくも膜下出血で倒れるも、リハビリ生活を送りながら、現在も執筆活動を続けている。

『輝く中年の星になれ！』の刊行時、神足裕司は四十一歳。「まえがき」には、「四十になると、細くなった太股《ふともも》を実感する。徹夜仕事はできなくなる。階段を上れば息が上がるし、小さな文字がきつくなる」と肉体の変化が綴られている。

しかし、これはたいした問題ではない。

――ガタン、と音を立てて自分がひとつの年齢を乗り越えたときにショックなのは、その先――

——にできることがなんなのかさっぱり想像できないことだった（「まえがき」）。——

中年の入り口——神足裕司は「三十七歳オジサン境界説」を唱えている——に立った三十代後半から四十代にかけて、わたしもそんな気分に陥った。漠然としたいい方で申し訳ないが、新しい表現みたいなものに興味が薄れた。今やっている仕事はもっと若い人がやったほうがいいのではないかと心に迷いが生じ、自分が何をしたらいいのかわからなくなった。

同書所収のエッセイ「なぜか『生まれ故郷』が気にかかる」は中年論の傑作かもしれない。神足裕司は正月休みに郷里の広島に帰省し、学生時代の仲間と会う。そして、四十代になった昔の友人たちが「子どもを抱え、地方都市経済の行方について心を砕いている」姿を見る。

——小さいがゆえに人々の絆が都市よりも強く、個人の努力が報われそうな地方都市は、中年への扉の前に立った私には、すばらしく魅力的な場所に見えた。——

さらに、「故郷で温かく暮らしている同級生たちは、私が都市で利益と幸福を追求している間、黙々と土地へ尽くしてきたのだ」と、自分と友人が過ごしてきた半生のちがいを綴る。都会で暮らすフリーランスのわたしも、自分のことばかり考えて生きている。中年になった今もそうだ。少なくとも「土地に尽くす」という感覚はない。

「散歩か庭仕事か」にも郷里の話が出てくる。

神足裕司は、二十八年ぶりにこんどは小学校の同級生の集まりに参加する。

――ヒトはみな成長する。四十になったかつての悪童たちは、ひと目で二十八年前と同じとわかる個性を宿しながら、他人を気遣う大人に成長していた。――

神足裕司とは生まれ育った場所や世代がちがうけれど、この感慨はよくわかる気がした。それぞれの郷里に帰ったわたしの友人たちも、文句をいったり、愚痴をこぼしたりしながらも地元のイベントや人付き合いをテキパキとこなしている。自分は大人になりそこねているのではないか。あいつは（世間知らずでも）しょうがないというポジションのまま、わたしはまもなく五十歳になろうとしている。

しかし、地元の三重に帰っても居場所がない。友だちもいない。東京にいても、親しく付き合っていた友人が年々減っていく。

河合隼雄の『中年クライシス』（朝日文芸文庫、単行本は一九九三年刊）に「四十の惑い――山田太一『異人たちとの夏』」という章がある。そこにも「故郷」という言葉が出てくる。

――孤独の次元が深くなると、誰しも意識的・無意識的に自分の故郷《ふるさと》（必ずしも生地とは限らない、心の故郷）に回帰したくなる。――

中年になると「人間はそれほど自立しているものではない」と自覚する。ひとりの力で生きてきたわけではなく、さまざまな関係の中で自分が作られてきたというおもいが生じてくる。そうした関係―場にわたしはあまり関与してこなかった。そのことが気持が不安定になる原因なのかもしれない。

企業コンサルタントの岡本純子著『世界一孤独な日本のオジサン』（角川新書、二〇一八年）は、都市化が進行する現在の日本には、中年男性の孤独が蔓延していると警告する。

国連の世界都市化予測（二〇一四年）によると、「日本の都市化率（都市部に住む人口の割合）は１９５０年に53・４％だったが、２０１５年は93・５％」に上昇するという（二〇一八年版によれば、一七年時点で九一・五％）。そのことによって、「村社会型の『地縁・血縁』というセーフティーネットは空中分解し、『無縁社会』化している」

家族や地域のつながりの弱い「都会暮らし」は、「多大なストレスを与える」という研究もあるらしい。

親戚や近所付き合いが密接な地方のほうが「孤独度」は低くなる。しかし――

田舎を離れた人の中には、村社会の因習や狭い人間関係、束縛を嫌って、都会を選択したという人も多い。私生活に過剰に立ち入ったり、心ない言葉をかける「田舎のモラハラ」も問題視され、面倒くさい人付き合いを厭う人たちは一貫して増え続けている。

その結果、都会に人口が流出し、地方の過疎化が進んだ。もはや都会か田舎かという問題ではすまなくなっている。このままではどこもかしこも孤独なオジサンだらけになってしまう。

人を孤独から救い出すカギは「コミュニケーション」と「コミュニティ」の二つだが、「コミュニティ」を作り、参画するためには「コミュニケーション」力は欠かせない。

「日本のオジサン」は「コミュ力」が貧困な人が多い。「ほめ下手」で「人の話を聞く力」も足りない。また、「『人の表情やしぐさなどから、感情を読み取ることが難しい』と感じる男性は少なくない」

とはいえ、昔のオジサンだって、コミュニケーションがそんなに得意だったわけではないだろう。無口で無愛想なオジサンはいくらでもいた（わたしの父もそうだった）。むしろ、そういう人のほうが多数派だったのではないか。若者にとって、中年は煙たい存在だった。若い人の考えを理解しない壁のような存在として立ちはだかっていた。

同書は、嫌われるオジサンの例に「むっつりオヤジ」「威張るオヤジ」「ダメ出しオヤジ」「説教オヤジ」「昔話オヤジ」「自慢オヤジ」「キレるオヤジ」「文句オヤジ」の八つのタイプをあげ、こうしたオジサン、とくに威張るダメ出しオヤジに共通の処方箋として、「ほめ上手になろう」とすすめている。

相手をほめるためには「よく観察する」必要がある。「でも、しかし」と、「ほめた後、けなさない」ことも大切だ。また、説教や昔話、自慢話ばかりしてしまうオジサンには相手の話に「耳を傾けよう」と助言する。

コミュニケーションが苦手な人は、話し上手になるよりも聞き上手になることを目指したほうがいい。岡本純子は、「いつまでも謙虚に学び続けようとする人は若々しく、人を惹きつける」とも述べている。

『輝く中年の星になれ!』の第二部（「モテる中年になれ（ま、シンドイ話だが）」）でも中年男性のコミュニケーション問題について紙数を割いている。

地方局のラジオ番組で仕事をしていた神足裕司は、「話し上手」な人の特徴をこんなふうに考察する。

――で、この上手さの中身を考えていくと、相手への思いやりという想像力に尽きると思うのだ（「話の上手い人、下手な人」）。

逆に「話し下手」なのは「聴く人の気持ちが想像できない人だ」という。かならずしも話し上手は「話芸」の達人というわけではない。同書の「小話力をつける」では次のようなアドバイスをしている。

――真実を語ること。欲を言えば、その真実も他人には甘く、自分にキビシクすると、中年らしい大人っぽさが演出できるものだ。――

『輝く中年の星になれ！』と『世界一孤独な日本のオジサン』の刊行には、二十年ちかくの歳月の開きがあるが、話し下手な人へのアドバイスはほとんど同じといっていい。

ようするに、相手をけなすか、自分の話しかしないような人間は中年にかぎらず、孤独に陥りやすいということだ。いわれてみれば、当然か。

年をとって立場が上になると、どんなにつまらないことをいっても、まわりが笑ってくれるようになる。いつの間にか自分はおもしろい、ユーモアがあると錯覚してしまうオジサンも少なくない。話の途中に間をとりすぎたり、あまりにも流暢に喋りすぎたりすると、うさんくさいかんじになってしまうこともある。

コミュニケーションはむずかしい。

「輝く中年」になるためには、相手にたいする気遣いや思いやりを身につけなくてはならない。この先にできることは何かを考える前に、まずは人の話を聞けるオジサンになりたいとおもっている。

さらされるバブル世代

まもなく五十歳になる。いわゆる中年の危機はどうにか乗りきれたのではないか——とおもっているのだが、油断は禁物だ。中年の先輩たちの研究を続けたい。

インターネットで話題になった「中年とSNS」が収録された酒井順子著『センス・オブ・シェイム　恥の感覚』（文藝春秋）が二〇一九年夏に刊行された。ネットは中年の「恥の感覚」をいかに激変させたのか。

酒井順子はわたしより三歳上の一九六六年生まれ。社会人になってしばらくしてIT技術の波が押し寄せてきた世代である。つまり、子どものころからインターネットに慣れ親しんできたデジタルネイティブ世代とは感覚がちがう。

> （初期のころの）フェイスブックで感じた様々な恥ずかしさの中で、最も高頻度で感じたのが、「この人って、こんなに自慢好きだったんだ……」という恥ずかしさでした。

料理自慢、筋トレ自慢、仕事自慢、昔ワルだった自慢、モテ自慢……。SNSでは中年男女の自慢が飛び交っていた。酒井順子は、「我々中年というのは、大人になってからネットやパソコンに接するようになりましたから、若者のようにネット自意識が発達していません」という。SNSにアップした文章や写真が見る人にどう受け取られるか。ネットに疎い中年は、自分が発信した情報にたいする意地悪な視線を想定していない。ようするに無防備な人が多かったのだ。

もっとも、時間が経つにつれ、中年たちはSNSでの自慢が「まずいらしい」と察知するようになり、「自慢バブル」もはじけてしまった。

若い人からすると、会社の上司など目上の人とSNSでつながってしまうと、気をつかわざるをえないというプレッシャーもある。フェイスブックやツイッターのアカウントをしつこく聞いたり、「いいね！」を求めたりするソーハラ（ソーシャルメディア・ハラスメント）も社会問題になっている。中年のSNSユーザーの方々はくれぐれも気をつけてください。

中年が見せないほうがいいのは自慢以外にもいろいろある。

同書の「暗闇の中の『行為』」では、「暗闇フィットネス系ジム」の人気の理由を「人目を気にせずに運動できる」からだと分析している。暗闇だと人目を気にしないですむ分、「没頭できる」利点もある。

わたしもそうだが、明るい照明のもと、若くはない肉体を人前にさらし、元気いっぱい運動するのは恥ずかしいとかんじる人もいる。

酒井順子は、人目を気にするというテーマから中年女性のファッションに論を飛躍させる。

――中年になって、ノースリーブを着ることにも、私は躊躇を感じるようになりました。――

肌の露出。これも恥の感覚と無縁ではない。酒井順子にとっては、胸の谷間や脇の下を人に見せることは躊躇する行為なのだそうだが、気にしない人はいくらでもいる。

酒井順子は『中年だって生きている』（集英社文庫、単行本は二〇一五年刊）でもこの問題を考察している。

たとえば、ある女性の話。若いころの彼女は「切れ込みの深いVネック」を着て、周囲の男性を「ドキマギ」させていた。中年になっても、彼女はセクシーなファッションをやめることができない。彼女が胸の谷間の見える服を着ていると、目のやり場に困り、「周囲は明らかに硬い表情になっている」らしい。でも、本人はそのことに気づいていない。

――このように、中年期のお色気アピールというのは、よほど気をつけないと、「気持ち悪――

い」という扱いを受けてしまうのです（「エロ」）。
『中年だって生きている』では、セクシーな服だけでなく、シンプルなTシャツの着こなしのむずかしさにも言及している。

若者は、肉体に張りがあるからこそ、張りの無い衣類を着こなせます。が、肉体に張りが無い中年が張りの無いものを着てしまうと、全体的にヨレた印象に。洗いざらしの綿のTシャツなど、最も危険な衣類です（「少女性」）。

Tシャツは危険なのか。自分としては楽で飾り気のない恰好のつもりが、人にはだらしなく見えているのか。ただし、昔と比べると中年向けのファッションも多様化し、「周囲の視線も、寛容に」なってきて、中年の側も肌を露出するような服を「マダムの貫禄として見せる技術も見につけるようになったのです」とも酒井順子はいう。
それにしても、本書を読んでいると、今の世の中は、年相応の生き方の難易度がものすごく上がっていることを痛感する。人生五十年、六十年の時代ならあっという間におじいさん、おばあさんになれたが、今は人生九十年、百年になり、そう簡単に中年期が終わらない。

いざ自分が中年になってみると、まだまだ二十代、三十代前半のころの感覚が残っていて、からだの老化に心がついていかない。そのチグハグさゆえに老化に抗わず無理をしないナチュラルな生き方をする人に憧れてしまうのかもしれない。

酒井順子著『駄目な世代』（角川書店、二〇一八年）所収の「ナチュラルの波を乗りこなせ」では、同世代の奥田民生を「脱力はしていても、清潔感はあってどこかにセンスが感じられる」、吉川晃司を「若い頃に過剰なほどに非ナチュラルであったせいか、今は『あえて白髪を染めない』というナチュラルさを見せています」と評価している。

同書の「『いつまでも若く』の呪縛」では、それとは反対に非ナチュラルを貫く女性について次のように述べている。

「若くありたい、そのためにはお金は惜しまない」という我々が年をとるにつれて、女性誌業界では新しいタイプの女性誌を創刊するようになってきました。（略）

そして「ＳＴＯＲＹ」から派生した「美ＳＴＯＲＹ」（現在は「美ＳＴ」に改称）という雑誌が開発した言葉こそが、「美魔女」。いくつになっても美しさが衰えない魔女のような女性、ということなのでしょう。

バブル中年には老化を受け入れるナチュラル派と抗い続ける非ナチュラル派が混在している。いっぽう一九六二年生まれの松田聖子がバブル世代のある種の「ロールモデル」になっていると本書は指摘する。

彼女は大人になっても「自分のことしか考えていない」ように見える。

大人になると小難しいことを訴えがちな人ばかりの中で、聖子ちゃんだけはずーっと、ぶれることなくアイコイアイコイ歌い続けている。（略）人々に自己の矮小《わいしょう》さを見つめさせたりもせず、自分の仕事と恋愛だけに集中するその姿勢が、市井の中年を安心させているのです（「『聖子死ね』からの脱却」）。

欲望に忠実。これはバブル世代特有の感覚のようにおもう。とにかくノリのよさを重視し、「小難しいこと」を訴えるのはダサいという風潮があった。

『駄目な世代』所収の「親全学連、子バブル」を読んでいたら、学生運動が衰退したあとの一九八〇年代の大学生像をこんなふうに綴っていた。

――私の時代は、チャラい学生が最も目立ち、そして他の学生をリードする時代となっていた――

――のであり、私のような有象無象も、彼等についていった。――

『中年だって生きている』にも「バブル」という項がある。

バブル世代は「一九八八年〜九一年くらいに大学を卒業して就職した」、現在五十代前半の人たち。広義ではわたしもここに含まれる。若いころに好景気の恩恵を受け、楽しいおもいをしたが、世間にたいしては「何だか……すみませんね」という後ろめたさもあるようだ。

バブル世代は、自分の手で好景気を作り上げたわけではありません。世間が醸成した景気の良さに乗って踊っていた、もしくは踊らされていただけ。「世の中を変えたい」という気概を持っていたわけでもない。（略）ただ時代に乗って浮かれていたらバブルが崩壊してしまいました、というのが我々。

社会を変えようと闘った団塊の世代、そして不景気しか味わったことのない氷河期世代――そのあいだにはさまれた酒井順子は、バブル世代にできるのは「消費」しかないと自虐まじりに書いている。

消費であれ、何であれ、その世代の役割がある。誰しも生まれ育った時代の影響を受けている。中途半端に上の世代や下の世代に迎合するより、その世代の特性を究めていったほうがいいのではないか。

この先、自分がどんな中年になればいいのかと考えたとき、昔の大人のような威厳や貫禄を身につけることはむずかしい。かといって、いつまでも若者気分でふらふらしていたら、周囲の視線が痛い。

かつての酒井順子は「内弁慶」で、人前で話すとき、いつも緊張していたという。しかし、「中年になったのならば、いついかなる時でも堂々としていなくては！」と自分に言い聞かせるようになったそうだ。

若い頃は、「失敗したらどうしよう」「バカだと思われたらどうしよう」などと、様々な心配を募らせて、自分を追い込んでいました。しかし俗世の風に長年晒《さら》されているうちに、精神も摩耗してきて、「失敗しても死ぬわけでなし」「土台、バカなのだからしょうがない」と、思うことができるように（「感情」）。

もちろん慣れや経験も大きい。わたしも三十代半ばくらいまでは、人前でまったく話せなかったのだが、最近は平気になったというか、あまりにも昔がひどすぎて、あのときよりはマ

シと開き直れるようになった。
失敗を怖れる感度はちょっと鈍いくらいでいいのかもしれない。逆に他人の失敗に寛容になるのも成長といえるだろう。
それに中年には大事な使命がある。

社会において中年に期待されているのは、「自分の感情をむき出しにすること」ではなく、「感情を抑えきれなくなっている人を、受け止める」という役割です。

中年たるもの、自分を偉く見せず、肌を隠し、感情を抑える。さらに無理せず、自然体で脱力気味にふるまえたら最高だ。すでにくじけそうだが、そんな最高の自分になれたら、自撮りしてインスタグラムにアップしたい。

「昨日できなかったことが今日できるようになる」

今、自分は何が読みたいか。どんな文章が好きか。そのふたつの質問に答えるとすれば、星野博美のエッセイということになる。

もともと写真家であり、ノンフィクション作家だが、わたしはもっともその本領を発揮しているのはエッセイだとおもっている。

エッセイは本業で成功した人が余技で書くもの――なんていうぬるい認識の持ち主は星野博美の本を読んで打ちのめされてほしい。

二〇一三年に『戸越銀座でつかまえて』（朝日新聞出版、のちに朝日文庫）が出るまで、わたしは『銭湯の女神』と『のりたまと煙突』（いずれも文春文庫、単行本は二〇〇一年、〇六年刊）、『迷子の自由』（朝日新聞社、二〇〇七年）の三冊を読み返していた。どの本も付箋だらけだ。

最初に読んだのは『銭湯の女神』である。中央線沿線の風呂なしアパートに住むフリーランス――自分とよく似た境遇の先輩の日常を知り、大いに刺激を受けた。

『銭湯の女神』の単行本が出たころ、わたしは三十代前半で、ミニコミに古本エッセイを書きながら週三日のアルバイトでどうにか食いつないでいる身だったから、何もなしとげていない自分が何を書いても説得力のある文章にはならないとおもいこんでいた。

二十代後半から三十代前半にかけてのわたしは愚痴っぽい文章ばかり書いていたのである（今も書いているが）。

星野博美はちがった。風呂なしアパートに住んでいても貧乏でも関係ない。今、自分がいる場所で考え抜き、悩み抜いた言葉は偉大な思想に到達することを教えてくれた。

わたしも散文――エッセイを書く。自分の日常および条件からなるべく離れない文章を書こうと心がけている。それはおもっているほど簡単ではない。

等身大の自分は、浮き沈みが激しく、しょっちゅうぶれる。気が大きくなったり、小さくなったりする。その日その日の体調にもふりまわされる。その振幅をそのまま書くと、支離滅裂な文章になりかねない。だから〝自分のキャラ〟のようなものを作りこむ。そこには当然ウソがまじる。

星野博美の文章もすべてありのままに書かれているわけではないだろう。しかしギリギリまでフィクションの部分を削ぎ落とし、本人の思考と文章のズレがほとんどないようにおもえる。

『戸越銀座でつかまえて』は二〇〇八年から〇九年までの週刊誌の連載がもとになった本だ。

連載終了から単行本になるまで四年もかかっている。単なる加筆修正ではなく、そのあいだには〝思想の転換〟といっていいくらいの大きな変化があった。

星野博美は二十代後半にフリーランスの写真家、ライターになった。


私にはいまでも、この職業を選んだという自覚があまりない。あるのは、割と自由な生き方を選んだかも知れない、という自覚だけだ。守りたいと思うのはそんな生き方のほうであり、職業ではない。自分のやり方が守れるなら、生計を立てる方法は何でもかまわないと、いまでも思っている（「まえがき――自由からの逃走」『戸越銀座でつかまえて』）。


自由に活動するためにフリーになったが、現実は甘くない。気をぬけば、すぐに生活は逼迫《ひっぱく》するし、会社（組織）と交渉すれば、個人はたいてい不利な立場に追い込まれる。

――私はフリーになりたかった。それも下請けを意味するフリーではなく、本来のフリーだ。――

『銭湯の女神』以降、星野博美は、自由あるいはフリーであることの矜持とやせ我慢をくりかえし書いている。大義名分やら、長いものには巻かれろといった世間知との戦いに明け暮れている人だ。そういうふうにしか生きられないのかもしれない。その戦いの末、自分ひとりどうにか歩けるくらいの細い道を切り開いてきた。

若き日の星野博美が戸越銀座にある実家から、中央線沿線の日の当たらない風呂なしアパートに引っ越したのは、何かを「手に入れる」ためには何かを手放さなければならないと考えたからだった。

故郷に錦を飾る必要もなければ、稼いで家族を扶養する必要もない、いい仕事をして無理解な親を見返す必要もない。時には創作や表現の原動力となるハンディが、私には何もない（「エセ貧乏」『銭湯の女神』）。

それゆえ「不自由がほしい」と願う。しかし、実家には数百円の電車賃で帰ることができる。交通費は一回分の銭湯代と変わらない。

母からは、「あんたがふらふらしていられるのは、実家があるから。仕事を選んでいられるのも、風呂なしのアパートで我慢していられるのも、すぐに帰れる実家があるから。何もなかったら、もっと死に物狂いのはずだよ」といわれる。

四十歳になった星野博美はそんなひとり暮らしに区切りをつけ、実家に帰ることを決める。

そこには地方出身の上京者とはまたちがった〝挫折〟がある。『戸越銀座でつかまえて』では、迷い、悩むこともふくめた〝難儀な自由〟の問題に踏み込んでいる。これまでの著作より、自分の弱さと脆《もろ》さに向き合っているようにおもえる。

連載中はしかし、その挫折を言葉に落とし込むことができなかった。それが書けなければ、本にはできない。

――結局、連載時の原稿のおよそ半分は捨て、あらたに書きなおすことにした（「あとがき」）。――

実は「中年の本棚」の連載は星野さんとの対談がきっかけだった。

二〇一二年の秋、わたしは高円寺の古本酒場コクテイル書房で行われた『島へ免許を取りに行く』（集英社文庫、単行本は二〇一二年刊）の刊行記念トークショーの聞き手をつとめた。

このときの対談で、中年談義になったのだが、わたしは「三十五歳から中年本を集めているんですよ」というようなことを話した。すると、対談のあと、会場にいた紀伊國屋書店のOさんから「中年本の連載をしませんか」と声をかけられたのだ。

『島へ免許を取りに行く』の「はじめに」で星野博美は、「何かまったく新しいことに挑んで、余計なことをくよくよ考える暇もないほど疲れたい」と書いている。実家に戻って数年、「何年かに一度の周期でやってくる」という精神的な「ピンチに見舞われていた」ときのことだ。
このとき、星野博美は四十代半ば。

――抽象的な目標ではなく、手が届かなそうで届きそうな、具体的な目標が欲しい。――

すこし努力すれば、達成できる目標――星野博美は長崎の五島列島で自動車教習所の合宿に参加することにした。

わたしは鈴鹿サーキットの近所の長屋に生まれ育ち、父はずっと自動車関係の工場で働いていた。それなのにいまだに車の免許を持っていない。東京にいるときはまったく車に乗る必要はない。しかし郷里に帰ると、車がないと不便だ。地方都市というのは、駅のまわりではなく国道や県道沿いに商業施設が集まっていることが多い。わたしの郷里の町もそうだ。

三十代後半から四十代前半にかけて、何度か免許を取ろうかなと考えた。教習所の申込書をもらい、割引券を手にいれた。ところが、あと一歩が踏み出せないまま今に至っている。

この本のテーマは〝免許を取ること〟だけではない。

星野博美は教習所で、自己イメージとこれから習得しなければいけない技術とのズレにしょっちゅう戸惑う。

四〇年以上生きている人間にとって、昨日できなかったことが今日できるようになる、というのは、ほとんどありえないことだ。（略）

人間、何かができれば嬉しいし、できなければ悲しい。できないことばかり考えていたら前には進めない。だからできないことは、「自分には向かない」と言い訳をして存在を無視する。そうやってこれまで生きてきた。それは年齢を重ねるにつれ習得した、生きるためのノウハウのようなものだった。

自分は何ができて、何ができないか。中年になると、知らず知らずのうちにできない「言い訳」を考え、自分の可能性を閉ざしがちだ。

健康のためには適度な運動が大切とどんなにいわれても、運動嫌いの人は自己イメージに阻《はば》まれ、最初の一歩がなかなか踏み出せない。運動をしている自分の姿を（誰もそんなふうにはおもわないのに）勝手に似合わないと考えてしまうのだ。

中年だから、もう若くはないから、今さらこんなことしても——

星野博美の〝新しい扉〟を開いたのは、免許だった。

中年たるもの、現状に満足し、常に落ち着いたふるまいをすべきである。できるかどうかは別として、いつの間にか、そんなふうにわたしはおもっていた。

車に乗れないなら、歩けばいいんだ。四十代後半のわたしは街道歩きが趣味になった。ひさしぶりに『島へ免許を取りに行く』を読み返していたら、次の文章が目にとまった。

私が旅の信条としていることだが、世界のどこにもおもしろくない場所など存在しない。自分が行き先に選んだ場所をおもしろがれないとしたら、それは楽しむ努力が足りない自分の責任なのだ。想定と違うのなら、その想定をチューニングするべきだ。それでもどうしてもおもしろくないというなら、立ち去ればいい。通過者にはその自由があるが、選んだ場所を批判する権利はない。

星野博美の文章がおもしろいのは、変な先入観を持たず（持たないように細心の注意を払い）、現実に体当たりでまみれている人の言葉だからだ。表通りだけでなく、ごちゃごちゃした路地やわき道を歩いて、道に迷いながら、何かをつかみとる。どんなに遠回りしても、自分のための答えを見つける。

『戸越銀座でつかまえて』の冒頭に「もう無理だ。逃げよう」とある。その半生を考えると、この二行を書くのに相当な葛藤があったにちがいない。

「あとがき」でも「一人暮らしに敗北して実家に戻った」と、あえて「敗北」という言葉をつかっている。

でも、ちっとも逃げてないんですよね、星野さんは。合宿免許や旅と同様、自分の暮らす町もそこから広がる世界もおもしろがろうとする。ただ、その「チューニング」に手間どってしまったにすぎない。

今の星野博美は戸越銀座のことが大好きである。

単行本の三年四ヶ月後に出た『戸越銀座でつかまえて』の文庫版の「あとがき」を読むと、年をとるのもわるくないという気持になる。

中年期に読んだほうがいいとおもう現代の作家は誰かと聞かれたら、わたしは星野博美と答える。

橋本治、明日の中年のために

二〇一九年一月二十九日、橋本治が亡くなった。享年七十。

わたしは一九九二年の夏、二十二歳のときに、小学館の漫画雑誌『週刊ヤングサンデー』主催の第一回「橋本治と耐久!! 72時間サマーセミナー」という合宿企画に参加した。場所は千葉県の房総半島の旅館。ちなみに、この合宿の卒業生は〝橋本治の弟子〟を自称していいことになっている。

そんな不肖の弟子も二〇一九年十一月、ついに五十歳になった。

二十七年前の夏、わたしは大学四年目を迎えていた。そのころ、本好きの友人の家にはかならずといっていいくらい橋本治の『89'』（マドラ出版、一九九〇年、のちに河出文庫）があった。当時の橋本治はあえて権威になることを拒否し、色モノ路線に走っているところがあった。頭も金髪だったし。

学生時代に読んだ橋本治の文章では、『問題発言2 THE AGITATION』（思想の科学社、一九八八年）の「明日のために、とか――」が印象に残っている。

二十代っていうのは、一応の一通りはなにかが出来る。なにかが出来て、そのことで一通りの評価だけはもらえる。でも結局はそこどまりなんだ。社会のセミプロですね。（略）

二十代で一番肝腎なことっていうのは、つまんない自信なんか持つなっていうことね。そこそこの評価に満足してる自分を見つけたら、もう「バカ！」って言ってやることね。そうしないと、その先ってないですよ。

このエッセイで橋本治は、「別にお肌の曲がり角とは関係がない〝感性の曲がり角〟だってあるんですね」「そこそこに二十代やってて、なんか輝いてるみたいに見えた人間て、簡単に消えますすね」とも書いている。

二十代のわたしはすでにフリーライターの仕事をはじめていた。まだ「セミプロ」なのに妙な自信を持ち、つまらなくなってしまった先輩、さらにそのなれの果ての中年をたくさん見てきた。どうすれば、そうならなくてすむのか――ということが、そのころのわたしの関心事のひとつだった。

成功した人っていうのは、「あ、自分てもうなんにも取り柄っていうのがないんだ」っていう、そういう気のつき方をした人だけなんだ。そこから余分なものを捨てて、そしてゼロからスタートする決心をした人だけが、成功へのスタート・ラインに立てるのね。

『週刊ヤングサンデー』で『貧乏は正しい!』シリーズ（単行本を経てのちに小学館文庫）の連載がはじまったのは一九九一年七月、橋本治が四十三歳のときだった。バブル崩壊の時期と重なる。といっても、まだそのことに気づいている人は少なかった。

後にも先にもこれほど夢中になって読み続けた漫画雑誌の活字ページはほかにない。若者ではなく、中年といわれる年齢になってからも、年末年始に『貧乏は正しい!』全五巻を読み返すことを自分に課してきた。とくに三巻目の『貧乏は正しい! ぼくらの東京物語』は読み返すたびに、その洞察の鋭さに感銘を受ける。それまで「イナカ」の問題は地方から都会への人口流出という視点で語られがちだったが、橋本治はちがった。

日本のイナカの最大の問題は、「出て行くのはかんたんだが、帰って来るのがむずかしい」というところにある。

サブカルチャーの話から政治・経済、相続のことまで、橋本治は〝学校では教えてくれないこと〟を教えてくれる先生だった。

橋本治には膨大な著作があり、再読している暇がないくらい次から次へと本が出た。時評集だけでも『貧乏は正しい！』のあと、二十冊以上は出ているとおもう。さらに、小説、古典、映画、漫画、時代劇、編み物、人生相談などの本もあるから、ファンですら追いかけきれない（わたしも未入手の本がけっこうある）。

今回、この原稿を書くにあたり、家にある橋本治の本をかき集めるだけでも三日くらいかかった。数ヶ月前に仕事部屋の引っ越しをしたばかりであちこちにまぎれてしまっていたのだ。しめきりが迫る中、ようやく『橋本治雑文集成パンセⅢ 文學たちよ！』（河出書房新社、一九九〇年）が見つかった。この中に「中年の本」という一九八九年に『思想の科学』に発表したエッセイが収録されている。

これからの中年問題で一番重要なことは、「かつて若かった」という事実を踏まえて、中年とは更にその上に存在する上位概念であるという、そのことがあるかないか、ということですね。

前おきが長くなったが、ようやくここから橋本治の中年論に入る。

「中年の本」と題したエッセイを書いた約十年後、二〇〇〇年三月一日号より、橋本治は再び小学館の漫画雑誌（『ビッグコミックスペリオール』）の活字ページで連載をはじめる。この連載をまとめたのが『失楽園の向こう側』（小学館文庫、二〇〇六年）だ。わたしは三十歳以降、漫画離れの時期があり、文庫化されるまで未読だった。

この本に「『三十代の若者』について」という章がある。

豊かになった日本には「三十代の若者」がたくさんいる。はたして三十代は若いのか、若くないのか。橋本治は「自分のあり方なんてまだ分かんない」という意識は二十代で終わるものだという。いくら「態度保留」しようとも――


三十代は、「既《すで》にその人のあり方が定まってしまった時期」――あるいは「その人のあり方が定まってしまう時期」なのである。放っておけば「もう若くない」という方向へだけ傾いて行く。「老いる」の前に「やつれる」がやってくる。

三十代半ばを過ぎたわたしは、「もう若くない」とおもいはじめていた。まだ中年の自覚はなかったが、今までのような若手の気分ではいられなくなってきた。中年本を集めはじめたのもこのころだ。若くなくなるということは、周囲の自分にたいする扱いも変える。若手だから大目に見てもらっていたことが許されなくなり、さらに若いという理由でまわってきた仕事がこなくなる。社会に出れば、避けては通れない道である。

中身はすっかり中年男になって、「自分の人生は既に決定済み、改めてなにかを考える必要もない」と断定してしまう人間もいるが、三十を過ぎたら、遅かれ早かれそんな状態になる——なるべくして、決断を迫られる。

「改めてなにかを考える必要もない」とおもうことが中年の落とし穴といえるだろう。考えなくなれば、成長が止まる。若さには未熟という意味もあるが、未熟だからこそ、自分を変えようと努力する。

貧乏ではなくなり、生活が安定し、現状に満足すると人間は「バカ」になる。橋本治は、『上司は思いつきでものを言う』（集英社新書、二〇〇四年）や『バカになったか、日本人』（集英社文庫、単行本は二〇一四年刊）などの著作でもくりかえしそのことを警告している。

とはいえ、自分が中年といわれる年齢になってみると、現状に満足してものを考えなくなることより、変わらない現実や将来への展望のなさを痛感し、思考停止に陥ってしまうことのほうが多い気がする。

四十代以降、わたしは社会への関心が薄らいだ。自分がとやかくいったところで何も変わらない。そんなことに限りある時間や労力を割きたくない。今の自分の生活を守りたい。長いあいだ、わたしは親にたいしてもそういう気分だった。何をいっても通じない人を相手にしていると、心身が疲弊し、思考能力が奪われる。だから、もう知らん、勝手にしろとおもうわけだが、それで現状が改善されるわけではない。むしろ時とともに悪化していく。

改めてなにかを考える必要もないとおもう人が増えると、何をいっても無駄、何をやっても無駄という空気が蔓延する。そうした空気に抗い続けてきた作家が橋本治なのである。

二〇一五年、橋本治は『新潮45』の連載「年を取る」を加筆して、『いつまでも若いと思うなよ』（新潮新書）を出した。

若き日の橋本治は江戸の歌舞伎作者の鶴屋南北に憧れていた。鶴屋南北がその地位を確立したのは五十歳――そこから死ぬまで作品を書き続けた。

橋本治は二十代でイラストレーターになり、二十代後半に作家に転身――「やりたいこと」と出会った三十代は「疲れるまで働く、あるいは疲れるまで働ける時期」だったといい、四十代もひたすら「働いてた」、そして「疲れてた」と回想している（『失楽園の向こう側』）。

二十代のころから「『五十でデビューして、七十五くらいまでエネルギッシュに働き続ける』

というのが、正しい人間のあり方なんだ」「五十にならなきゃだめなんだ」とおもい続け、五十歳になったとき、「よかった、五十になった！　死なずに生きてて、やっとスタートラインに立てた！」と興奮したそうだ。

今、わたしはこの文章を五十歳の誕生日の朝五時に書いている。自分で引用したにもかかわらず、「やっとスタートラインに立てた！」という一文に、え？　と戸惑った。しかし、そのしばらくあとにこんな文章が綴られている。

「この仕事がだめだったらどうすんだ？」という不安を鎮《しず》める方法は一つしかない。腕を上げて失敗しないようにするという道しかないので、つまるところ「年を取らなきゃだめだ」になる。(略)

つまり、経験を重ねないと自信は生まれなくて、自分で自信が持てるようにならなければ、経験を積んだということにはならない。

こうした文章を読むと、同時代に橋本治がいてよかったと嬉しくなる。せっかく中年になったのだから「いつまでも若く」なんてことに拘泥するより、「年を取らなきゃだめだ」ともって生きたい。

わたしの中年期はまだまだ続く。この先、どうなるのか、まったくわからない。ひょっとしたら、まだスタートラインにも立っていないのかもしれない。

あとがき

「中年の本棚」は二〇一三年春、四十三歳から『scripta』で連載をはじめた。四百字詰めの原稿用紙十二枚。中年とは何か。わからないから手探りで書きはじめた。『scripta』は年四回発行の季刊誌で時間はたっぷりあったにもかかわらず、テーマを決めるのはしめきり直前ということもよくあった。

最終回の原稿は二〇一九年十一月二十一日——五十歳の誕生日に書き上げた。連載開始当初から五十歳まで続けたいとおもっていた。

二十歳のころ、あるワークショップで年表を作った。過去から今に至る年表ではなく、自分がこの世を去るまでに何をするかという年表である。

わたしは四十九歳で終わる年表を提出した。当時はそのくらいの年齢まで生きられたら満足だとおもっていたのだ。冗談でもあんな年表を作るべきではなかったと反省している。

「四十初惑」にはじまって五十知命《ちめい》、否、知迷か。天命を知るといわれる年になっても迷いまくっている。

中年は中年として学ぶことがたくさんある。学生時代に習ったことは役に立たず、覚えたことはほぼ忘れた。それでいて一難去ると二、三難押し寄せてくるのが中年である。

中年期を迎えるにあたり事前に知っておけばよかったとおもうことがいろいろあった。わたしは中年は起承転結の〝転〟の時期だと考えている。この本も中年期の転ばぬ先の杖たる指南書を目指した。

話は変わるが、今年の三月に五十肩になった。あまりの辛さに「左腕に宿りし悪魔よ、鎮まれ！」と中年ならぬ中二病ごっこでごまかそうとしたが痛みはとれず、日夜悪戦苦闘の日々である。

飲み屋に行くと人生の先輩たちが嬉しそうにアドバイスしてくれる。

「ようやくこちら側に来たか。では〝回復のポーション〟を一杯おごろう」

生まれた場所や時代、趣味や仕事がちがっても中年という共通体験によって心の距離が縮まる。いうなれば本書は〝人類の連帯を深めるための一冊〟といっても過言ではないというのは、たぶんいいすぎだろう。

何事も当事者にならないと身にしみてわからない。思春期のように肉体の変化に気持がついていかなくて不安定になる時期が中年期にもある。もう若くはないし、かといって、誇れるような実績もなければ、貫禄もなく、定見もない。すべてにおいて中途半端で寄る辺ない。

若いころは気持でからだを動かすことができたが、それがだんだんきつくなる。からだが硬くなるにつれ、心も硬くなる。

年とともにあらゆることへの興味が薄れる。興味がないからくだらないとおもう。そのくせくだらないダジャレをいったり、どうでもいい自慢話をしたり……。たぶんそれは心の老化のせいだ。心の老化はからだの老化よりも自覚しにくい。気をつけようとおもってもすぐ忘れてしまうからだ。

本文中のどこかにも書いたが、そうした時期を乗りきるためには、明日のための余力をすこし残して寝るのがコツである。

自分はまだ若い。そうおもっている人にも読んでもらいたい。あっという間だよ、中年になるのは。

中年のあり方は時代とともに変わっていくし、新しい〝中年本〟も続々と刊行されている。中年が異世界に転生するライトノベルも増えてきている。今はおっさんの冒険者が異世界でスローライフを堪能するのが流行中みたいです。

未来の新中年諸君！　あとはまかせた。

二〇二〇年七月　高円寺の寓居にて

荻原魚雷

＊本書は、「scripta」２０１３年春号（27号）から
２０２０年冬号（54号）までの連載に加筆修正をしたものです。
「昨日できなかったことが今日できるようになる」は書き下ろし。
＊なお、本書における引用文には原則として新漢字を使用しました。
また、読みづらい漢字には適宜、ルビをふっています。

著者
荻原魚雷
おぎはら・ぎょらい

1969年三重生まれ。文筆家。
著書に『古書古書話』『日常学事始』(以上、本の雑誌社)、
『本と怠け者』(ちくま文庫)、『古本暮らし』(晶文社)ほか、
編者をつとめた本に『吉行淳之介ベスト・エッセイ』(ちくま文庫)、
梅崎春生『怠惰の美徳』(中公文庫)ほかがある。

中年の本棚

2020年8月7日　第1刷発行

著　者　荻原魚雷

発行所　株式会社　紀伊國屋書店
東京都新宿区新宿3-17-7
出版部（編集）電話03(6910)0508
ホールセール部（営業）電話03(6910)0519
東京都目黒区下目黒3-7-10
郵便番号　153-8504

装丁・装画　鈴木千佳子
印刷・製本　シナノ パブリッシング プレス

ISBN978-4-314-01175-4　C0095　Printed in Japan
定価は外装に表示してあります